老少女養成日記

我很幸福，只是剛好單身

李維維 著

這本書想送給我爸爸 *Roger Lee*

爸，你女兒一直在學著堅強長大，

你不要擔心～

I miss you

邀你分享老少女成長日記

這本書像是我心底的秘密日記，記錄著一路成長的心情與領悟。

這本書寫了好久啊啊啊！因為時間過得如此之快，中間我又經歷了許多事情，很多內心的想法、感受、感覺、情緒也跟著改變。過一段時間再回看寫好的文稿，忍不住又進行了修改，就這樣寫寫寫、改改改……好不容易有一天，完成了耶！

孔子說，三十而立，四十而不惑。我現在就要邁向五十大關，卻感覺自己沒有立，也依然迷惑，每天都還在學習跟修行中的我，寫出這些文字，並不是想要教導誰或指導些什麼，單純只是想跟每一個努力生活的人，分享我的經歷，也許可以幫助到有同樣問題的你，即使只有一點點歐，我都會非常開心。

希望大家讀了我的文章，發現原來每個人的內心都有糾結，也都面臨過人生的難關，心情同樣會上上下下，因此學會不要給自己那麼大的壓力，並從中找到一份共感——原來不是只有我一個人在努力，從而能夠堅強一點、勇敢一點、有信心一點，找到更多正面能量。

因為，我也是在網路社交平台（fb/ig ＃維莫莫人蔘 ＃vimurmurlife）貼文發洩自己遇到的一些鳥事時，從大家的留言跟訊息中獲得許多鼓勵。感謝這些願意跟我聊天，給我支持的網友，讓我在哀號「天啊！我好委屈」「生活好苦」時，還能感受到「我可以！」「我很棒！」「沒關係，放下吧！」，而能一路勇敢走下去。

老少女怎麼了嗎？我的內在就是少女心不行嗎？請不要被任何人事物和年紀限制了自己。曾經，我也認為人長大了、老了，就要變成那個年紀該有的樣子。但其實不用，做你自己就好。相信我，你一樣會活得很好；因為自己很重要，請好好養成。

最後，謝謝買書的你妳你。love you

P.S. 謝謝一直沒有放棄我的副總編增娣，還有也愛狗的編輯和設計，沒有你們就沒有這本書。

目錄

Chapter 3

美好相遇
我和我的守護天使

Chapter 4

甜美生活
享受吧！我的單身獨舞

Chapter 1

維言維語

一點人生體悟

人生是你的，
自己負責自己承擔吧！
想開心就努力去開心，
因為別人而搞得自己不開心，
真的很浪費時間。

自己的人蔘自己種

從三十多歲開始，身邊百分之八十的朋友都結婚生子去了，大家的生活模式逐漸不同，我開始改掉過去的某些習慣，例如，不再事事徵詢周邊好友意見。

試想，妳打電話給妳的好姐妹，想跟她聊聊困惑已久的感情問題，她卻一邊罵著小孩，一邊煮飯，還要分心回應妳……一次、兩次、三次之後，妳開始不好意思，心也懶了。

難怪有人說，長大是獨立的開始。我慢慢了解，為什麼年齡增長後必須變得獨立，因為隨著生命篇章的翻頁，我們不再像小時候那樣悠哉，眼前出現更多擷取注意力的事情，我們被迫分心，也被迫長大獨立，學習自己面對、解決、消化很多事情。

當然，還是可以找朋友家人傾訴啦！只是大部分的心事都會自己吞下去，碰到問題也會自己想辦法。但人畢竟不是離群索居，生活周遭還是會遇到許多熱心朋友，因為關心使然，身邊就會出現許多聲音。

對我這個大齡單身女子來說，最常遇到的通常是感情專家，他們擔心我到了這個年紀還依然單身；也經常碰到婦科專家，他們關心的重點不太一樣，結不結婚還在其次，但高齡生育茲事體大，有的專家會從專業角度出發，替我的子宮或卵子評分，告訴我年紀愈大愈難生，要不然就鐵口直斷說：「再不努力就生不出來了！」

有些還會身兼感情專家，擔心我年紀大了難生育。「這下對象更難找了！」他們憂心忡忡地提出警告。

如果是想要找對象，或有了新對象，身邊就會出現兩性專家。他們幫忙分析狀況，替我決定應該選擇哪一位，甚至列好擇友條件。有時他們也兼任命理師，對現在的對象來個總評分，年紀太輕、太老都不妥，

「年紀輕，應該是想玩玩的，交交朋友就好，不要認真啊！」軍師們如是分析。還有，經濟條件不夠或太好也有問題……

工作上、生活上，也經常遇到經驗大師提點。他們通常會對你想去做什麼、嘗試什麼抱持相反意見，年紀和社會經驗是他們最有力的武器，以此為由告訴你不該這樣、不要那樣。經驗大師常用自己的經驗告戒別人：你這樣不行、你可能體力不夠，或者你會面臨壓力、會害怕……總之，結論就是「你還是不要輕易嘗試比較好」。

我其實是喜歡聽別人意見的人，我喜歡跟朋友分享生活裡的點點滴滴，因此以上所述，我聽了難免都會受到影響（通常是覺得受傷）。但套句我妹常跟我說的話：「妳管別人說什麼啊！」

對啊，我管別人說什麼，又，別人管我幹什麼！

如果你因為別人的話，沒有去做想做的事、想去的地方、想認識的人，那就錯過了自己可能得到的經歷。因為，你不是我，你怎麼知道我做了會怎麼樣呢？你曾經有的經驗，你認為對的事，放在我身上就一定對嗎？

對象是我的，感情是我要談的，不看好就算了，我總可以選擇自己喜歡，並適合我的人吧！你的條件跟我希望的條件怎麼可能一樣？同樣的人事物，放在不同人身上，可能就有不同的發展啊！

至於孩子，我又沒說我想生小孩，為什麼一直替我擔心呀！幾個以往一直叫我務必要生小孩的朋友，堅持著「孩子就是一切」，後來反倒紛紛勸說不要輕易生孩子，如果可以再選擇一次，她們異口同聲說，不會選擇生小孩。

還有，如果我的另一半，單純因為我無法生育，選擇離開我，那麼我才不想跟他在一起嘞！年紀多大、條件如何、互動怎樣，這一切都應該是我自己去選擇、經歷和承擔的吧！

常常有人勸我改改我不夠女性化的個性，因為這樣，男人不會愛。

我都幾歲了呀！為了有人愛必須先改個性，太累了吧！再說，如果因為我的個性造成沒人愛，那也是我的選擇，後果由我自己承擔。我都不怕了，請你們也別怕，好嗎？

我是個很容易相信別人的人。只要覺得是朋友，基本上我就不太會隱瞞自己。不過，對朋友挖心掏肺這一點，我正學習修正中，因為當你把煩惱的事告訴別人，它很有可能變成你的一個弱點。我個人就有過以下這種經歷，只是在和朋友閒聊中，半開玩笑說了一句：「我怎麼都找不到男朋友啊！」

此後，找不到男友竟變成大家取笑我的點，也曾聽朋友跟旁人說，我因為沒有男友很鬱卒，諸如此類她自己腦補出來的「我的情緒」。難怪很多文章教人不要隨便暴露自己的弱點，現在我慢慢體會到了。

當然，我還是有好朋友、好姐妹會互倒垃圾、傾吐訴苦，我覺得這是一種很美好的療癒。但是，現在的我學著不要太去管別人的閑事，就算覺得不好、不對，我也會盡量忍著。因為他的人生是他自己的，我沒辦法幫他負責。而且我自己的人生都還沒有管理好，又何必多管閑事，你說對嗎？

一個人就一個人生。是「你」在過每一天、每一刻，你就是唯一，沒有人會跟你一樣。所以不要輕易被別人牽著鼻子走（其實聽別人的話也是你的選擇）。當然，也不要把自己的人生依附在別人身上，再怎麼親的人，他的人生還是他自己的，你依附著別人，對被依附者來說，其實也是一種負擔。

還有，很多人都在過著別人希望你過的人生。字面上都那麼清楚了，「別人」的希望，那就不會是你的希望啊！除非你能妥協到底，不然總會有爆炸或受不了的一天。

心情便利貼

Mind your own business.

這句話對自己、對別人都適用。

希望大家都種出珍貴人蔘！

我有個朋友因為不想讓父母丟臉，結了不想結的婚，後來經歷了不好的過程，最後還是離婚了。但他的父母仍舊過著他們的人生，並沒有深受打擊或感覺見不得人，時代已經改變，請記住：

人蔘（生）是你的！自己負責自己承擔吧！

想開心就努力去開心，因為別人而搞得自己不開心，真的很浪費時間。

再說，你不開心，但對方仍然在過他自己的人蔘（生）啊！

自己的人蔘還是自己種最好！澆水、施肥、除蟲都自己來，得到的人蔘才會肥美呀！就算遇到人蔘可能長歪，那也是一種過程嘛！

偶爾也想做個小孩

小時候，常聽大人說：「等妳變成大人就會懂了。」

現在，年歲漸長，自己也常常說出這樣的話：「等你成為大人之後就明白了。」或「已經是大人了，還這麼不成熟。」

到底，什麼是大人？

是到達法定的十八歲後，自然成為大人？還是出了社會就是大人？或是等到賺錢了才叫作大人？究竟必須做到什麼，才夠格稱為大人？

看起來簡單的兩個字，其實身為「大人」並不簡單啊！往往帶著好多壓力、好多負擔。

REL

我覺得大人是可以為自己的所作所為負責的人，成為大人之後，便要開始背負責任。但是，大人不會永遠是大人，有時候也想變回小孩；大人也會鬧脾氣，也有做不好的時候，更會有內心疲累、委屈、傷痛，想要尋找一個擁抱，被人「惜惜」的時候。

尋找大人的定義，會發現它像愛情一樣沒有不變的規則可循，也沒有一定的指標。只是，隨著年齡增長，我們把長大視為大人的同義詞，好像變成大人是理所當然的事。於是，就有了古人的叮嚀「男兒有淚不輕彈」，好像長成大人必須壓抑很多事，身上也多了許多條條框框，諸如：

必須堅強——面對打擊，大人應該不動如山，只有小孩才會哭哭啼啼。

必須撐著——大人凡事靠自己，小孩才靠父母

我們努力把自己ㄍㄧㄣ在大人的框框裡，想辦法活成一個大人的模樣。

彷彿有一天你像個孩子一樣哭了、慌了、做不到或不想做了，你就不是大人了。卻忘記了，大人其實是別人或自己給的框架。

我常形容自己活到近四十歲才開始長大。在那之前，我是個擁有大人年齡、小孩內在的人，無論生活還是內心，都過著無憂無慮像孩童般的生活。我很幸運，背後一直都有爸媽撐著，精神上如此，經濟上也是。

直到有一天，身邊的庇護突然消失，我除了要學會照顧自己，還發現原來擔任照護者的爸媽，現在也需要我來照顧，幾乎在一夜間，我被迫快速長大。

儘管在生活和經濟上都能應付自如，最痛苦的是心理上的調適。一開始，忙於應付角色上的巨大轉換，來不及去感覺。但慢慢的，隨著情緒和壓力累積，才發現外在的長大不難，內心的成長卻不是那麼容易的事。

那個一直沒有長大的小朋友內心，即使勇敢堅強去面對所有事情，但，他依然是個小孩啊！因為現實的磨練，也許堅強了一點，做了一些改變，可是改變也需要時間，無法一蹴可幾。因此，努力變成大人的我，心裡難免會有委屈，也渴望獲得鼓勵。而不是一直壓迫自己：你必須撐住，你必須面對，你必須完成……

當這些委屈和壓力累積到一定程度，內心就有股衝動，好想大哭一場，像小時候感到不開心，會放聲大哭一樣。但淚水還沒有盡情流淌，就被我喝令收起來，覺得都那麼大的人了，是在委屈什麼，哭什麼啊！這就是人生啊！

於是，委屈、壓力，連同眼淚一併被自己吞下肚，我把內心的小孩藏好，繼續扮演大人。但心裡常常疑惑：為什麼不能是個大人，同時又有顆小孩的心呢？

後來，我打了一通電話回家，把我的委屈哭著告訴爸爸。爸爸在電話那頭說：「我知道妳很努力，知道妳是個努力長大的小孩，妳辛苦了，再給自己多點時間慢慢長大吧！」

這段短短的對話，釋放了我這幾年努力長大的壓力（我應該早點說出來的）。但是當你到了某個年紀——一個大人的年紀，很多事真的不太好意思做。

小時候不開心可以找爸媽哭訴，年紀愈大，愈羞於把煩惱說出口。朋友之間因為家家有本難念的經，加上各自忙碌打拚，也不好意思輕易打擾。就這樣，身為大人的我們，各自吞下生命中的酸甜苦辣。

但是人再怎麼長大，都只是人，不管大人、小孩都一樣。小孩會耍賴、偷懶、任性，其實大人也想。小孩需要有人鼓勵、加油，需要指導幫助，大人也需要。在此，寄語所有努力扮演好大人這個角色的朋友，努力很好，負責任也很棒，但有時候不妨卸下肩上重擔，放手讓自己當個小孩吧！

心情便利貼

成為大人並非是一朝一夕可成的事。

期許在邁向這條路上的我們，

是自由的，不要被大人的框框綑綁。

即使做一個大人，

也一定要記得當個真正快樂的大人。

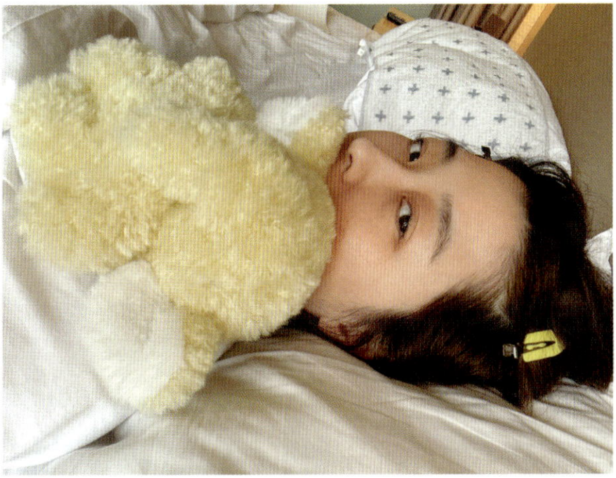

當老化不再遙不可及

記得我剛從美國回到台灣，再度進入模特兒和演藝界工作時，剛滿三十。

因為長相看起來比真實年齡小，經常被派去演比自己年紀輕很多的角色。我很掙扎，覺得有點心虛。經紀人安慰我說：「沒關係，妳穿著打扮年輕一點就可以了啦！」

那時候的我常嚷著：「不一樣！老了就是老了。」二十出頭的女生眼睛裡有星星，那種光芒是模仿不來的，所以才說年輕無敵呀！

後來，隨著年紀增長，爸媽的膝蓋關節開始老化，要補充營養品、吃鈣片。接下來，慢慢聽到周邊好友提出警告，說熟齡肌膚更要小心紫外線，一不留心就會讓皮膚老化、粗糙、長斑……諸如此類的話題。

這些老化狀態，在當時的我聽起來都覺得只是「名詞」，感覺並不深刻，老化離我很遠。

但它終究不僅僅是名詞，慢慢變成一個動詞，隨著時間，猛然發現自己的方方面面都在朝老化奔去。這些初老症狀，一開始是心理上的，像是再也不像年輕時那樣喜歡夜生活了，反而覺得早點回家舒服躺著更好。

然後，就在某一天，猛然發現體力不比從前了。

年輕時工作一整天，回家後繼續熬夜看劇。現在工作一整天，只覺得全身痠痛，回家後像體力耗盡一樣，洗完澡倒頭就睡。一方面是體力真的下降，另方面則是不敢讓自己太累，累過頭再多睡眠也補不回來，隔天昏昏沉沉。

現在的我，除了工作就是休息，連玩樂的興致彷彿也隨體力老化了。

就算心不老，但心有餘而力不足啊！以前可以喝酒喝到半夜三更，隔天照樣容光煥發去工作，從來不知道什麼叫宿醉。現在喝醉之後，接續還有二日醉、三日醉，酒退得有夠慢，應該就是代謝老化了。

再來是，老化的哨兵——白髮也開始報到。

我記得大概三十五歲左右吧，發現第一根白髮。說真的，當時沒有太大感觸，反正拔掉就好。慢慢的，三根、五根……白髮夾在黑髮間隱隱若現，找到了，不是被我拔掉，除之而後快，就是以染髮劑覆蓋，假裝它不存在。

直到有一次，我坐在捷運上，一位看起來很年輕的帥哥正好站在面前，當下我只想用手蓋住我的頭頂，希望他不要看到頭頂上那兩根短短叉出來，沒有剪掉的白髮。

很膚淺對嗎？但我就是不希望面前的帥哥看到我的白髮，因為白髮等同老了。

現在雖然已經逐漸習慣頭頂上偶爾閃現的白髮，但白髮只會愈長愈多，誰喜歡滿頭白髮被叫老太婆，所以我還是會染髮，也依然會在看到白髮時把它拔掉。希望慢慢的有一天，我完全不在意長白頭髮這件事，甚至會喜歡上我的整頭灰白髮。

頭髮的老化可以用染髮劑遮蓋，眼睛老化就不行了。

一直以來，我的雙眼近視度數都是兩百度，也一直戴著兩百度的隱形眼鏡。去年初，先是覺得開車時（尤其晚上）看不太清楚遠方。去做了視力檢查後發現，近視增加了，變成三百度。換了三百度的近視眼鏡之後一陣子，發現，咦，怎麼看近的東西不太舒服，總覺得焦距對不準。於是，又掛了眼科做多項檢查。

最後，醫師拿著檢查數據告訴我，我的眼睛沒有太大問題，只是開始

——老，化，了！因為老化，所以眼部肌肉調節變慢，如果遠的看得很清楚，看近時就比較不清楚。

什麼！眼部肌肉也會老化！我內心尖叫起來。醫師叫我不要那麼ㄍㄧㄣ：「不一定要拿得那麼近看，拿遠一點看會比較舒服。」

聽了好想哭。我很想告訴醫生：「但是我心裡會不舒服啊！」看手機明明就是那個距離，卻要我拿遠一點，不是擺明告訴大家：我是老人，我有老花了嗎？

我不要！

這樣的心境持續快一年。這段時間，周遭好友也發生同樣狀況，大家都去看了眼科，得到一樣的答案：多休息，快（或已經）有老花了。

就這樣，我試著戴上變焦隱形眼鏡，不厭其煩去眼鏡行調整，找尋看

遠清楚、看近也行的平衡狀態。但再好的變焦，眼睛就是老化了，一直逼它像以前一樣也是枉然，因為，就不一樣了啊！於是，我配了生平第一副老花眼鏡。（鄭重聲明：備用，只是備著喔！）

只要戴上老花眼鏡，我就可以輕鬆看近的東西。我想，慢慢的，我會因為戴老花眼鏡的諸多好處，而乖乖地戴上。但是現在，我只希望不要老花得太快。於是開始服用葉黃素，睡前熱敷眼睛，盡量少看藍光……我知道老化不可逆，但，可不可以慢一點呢？

除非有仙丹，否則誰能逆轉身體的老化？對於老化，我曾經害怕沮喪，現在我正努力慢慢學習接受它。老化是一個不會回頭的進程，大家遲早都要面對。祝大家都能愉快從容又優雅的老去。

心情便利貼

老化這件事，唯有親身經歷才能體會。

所謂有經歷才有經驗啊！

現在，自己有了一咪咪老化經歷之後，

很想告訴大家：

各位年輕人真的要趁年輕好好享受呀！

還有，現在大家都是低頭族，

如果不想讓眼睛老化得太快，

切記三C產品要少用一點。

活在當下

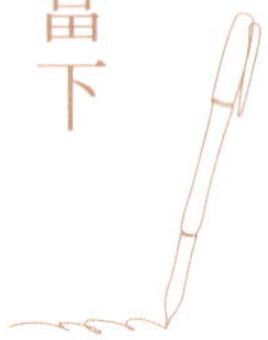

常常聽人說，也常常告訴自己：不要想太多，要活在當下！

活在當下，看似簡單又理所當然，單看字面意思，感覺不難，我們本來就「活」在「當下」呀！但是，真要在心理和精神層面做到，對我來說卻很難。就像人常常在生病之後，才體會到健康最重要一樣，活在當下，這樣平凡且重要的道理，我們卻常常忽略。

時不時，我懊悔過去發生的事。腦海中浮現以前的人事物，我生氣自己為什麼那時候要這樣，為什麼不那樣。如果那時我這樣做了，也許就會如何如何……想像無限延伸。

時不時，我擔心著未來的事。想像如果之後怎麼樣了，我將恐慌害怕；要是以後發生什麼狀況，我該怎麼辦……想像無限延伸。

你一定也會吧！有時候想到過去的事，心裡湧出一股氣，感覺內心悶悶的，反覆思考當初自己為什麼要那樣做、那樣說。暗忖如果不那樣做，可能結果完全不同。愈想愈火大，要不是厭惡對方或事件，就是氣自己沒腦袋兼瞎了眼。

如此一再地在懊悔跟鬱悶的漩渦中打轉。明明是過去的事了，但那股氣或怨或悔恨，依舊讓自己一秒重回現場，再次經歷所有不愉快的感受。

仔細想想，這些記憶裡的人事物，已經過去了啊！縱有再多情緒，也改變不了已經發生的事實。因為憶起過去而生氣、懊悔的我，雖然活在這一刻，心思和情緒卻困在過去的經歷當中，白白浪費了最珍貴的「當下」。

我懊悔以往身處戀情中那個白痴的自己，但當下的自己明明很舒服地窩在沙發上吃東西、看電視，我把時間浪擲在追悔當中，沒有好好享受當下的快樂，反而流連在過去不愉快的記憶中。真的是自找麻煩，辜負了眼前的美好。

除了追憶讓我們離開當下，擔心未來，也常讓我們與當下錯身而過。

依然單身的我，因為不明確的未來，常將我帶入焦慮中。我憂心萬一沒有了工作，付不出房貸和生活費；煩惱我的退休金存得不夠多，老年生活品質堪憂；又想著自己應該找不到另一半了，老後生病怎麼辦等等。

每每想起這些，焦慮就會充斥內心，有一種喘不過氣來的感覺。接下來，我還會在腦海建構的未來小劇場裡，繼續扮演編劇和演員，衍生出各種恐慌、焦慮、害怕的橋段。

可是，當下的我明明就努力工作呀！單身的我雖然一個人，卻很享受獨處時光呀！而且我並沒有生病，並一直盡力健康地生活著。我沒有好好感恩知足當下擁有的一切，卻一直仰望未來、擔憂著未來，杞人憂天，用自己無聊的想像一再恐嚇自己。

卡在過去或未來的我，內心生起的所有情緒，都不是當下發生的。因為過去已經過去，沒有人可以讓時光倒流去改變什麼。未來還沒有到來，計畫永遠趕不上變化，你永遠不會知道未來將發生什麼。只有當下這一刻，是真真切切的，是你正在經歷和感受的。

所以，讓我們把心思專注於當下發生的一切吧！

當然，我們可以回顧過去的經歷，去懷念、去省思，甚至小後悔、埋怨一下都行。我們當然也可以擘劃未來遠景，去思考、去規劃、去累積。但是，這些都不會比當下這一刻更重要。

當下是最好的禮物，懂得掌握當下，專注於當下，你就遠離了焦慮、擔憂、莫名煩惱，也不會再有愈想愈氣、悲從中來的情形發生。

願我們都能真正活在當下，享受著如此生動的時時刻刻。

心情便利貼

當下活著的我是幸運的，

為什麼要把自己丟進不是當下的痛苦時刻呢？

我們享受的每一個當下都是活生生的，

無比真實，好好接受並感恩當下的一切，

至於過去與未來，先放下吧！

友誼也要斷捨離

小時候，除了家人之外，朋友是我們生活中最重要的部分。

我們跟好朋友經常黏在一起，聊心事、說煩惱、談八卦，所有的秘密都跟他們分享，常常一聊就是好幾個小時。由於黏著度太高，有時候對方突然不搭理你了，還會感到深深的失落，好像失去生活重心。

但是人會長大，隨著時間、現實，還有生活型態的改變，友誼也逐漸發生變化。以我自己為例，有一陣子，我的好朋友們不約而同都步入婚姻，只有我一個人依然單身。一開始還好，姐妹們才剛踏入新的生活模式，有的當起老婆，有的變身新手媽媽，我很興奮地陪伴她們走入新生活，聽她們聊老公、談家事、期待著新生命誕生……

她們也跟從前一樣，聽我訴說單身故事，或又認識了哪一個新對象，要不要交往等等，一如往常熱心提供意見。

但時間拉長之後，我們之間的代溝開始出現。姐妹們結交了新的閨蜜，有些是老公朋友的太太，有些是小孩同學的媽媽，由於擁有共同生活圈，她們的話題截然不同，不是夫妻相處之道，就是小朋友的教育養成，聚會也逐漸變成「家族」與「家族」派對。

而我，因為單身緣故，在這一類聚會場合顯得格格不入，慢慢地也就不再參加了。剛開始，感覺有點失落，然後愈來愈寂寞，隱隱之中還有一種彷彿遭到背叛的錯覺。

在自尊心作祟下，心想有什麼了不起，那就算了啊！也出於這種隱隱的自卑，我愈來愈無法說出我的煩惱。因為別人已經踏上另一個人生階段，我卻好像一直停在原來的位置上。我煩惱著戀愛的事，姐妹們卻想著如何相夫教子，彼此的話題一拋出來，顯得我好幼稚。

內心愈這麼想，心中的隔閡就愈大，我和好姐妹之間的距離愈拉愈遠。面對內心的失落，我也曾這麼安慰自己：「就當是緣分淡了吧！畢竟我們走在不同的路上。」忘了友情跟婚姻一樣，都需要經營，你不用心經營，有時它就難以為繼。

但是，當我想用心經營的時候，卻發現因為生活步調和重心不同，連想經營都有些困難。譬如我是一個單身職業婦女，姐妹們的身分大半都是媽媽，為了遷就家庭，她們只能選中午或下午，小朋友上學的時間聚會。我卻因為要工作經常不能參加，即使勉強配合赴約，時間久了或次數多了之後，對雙方都造成壓力。

一定要約著見面，才能保有姐妹之誼嗎？當我慢慢想開之後，不再鑽牛角尖，開始抱著輕鬆心態去面對，反而找出相處之道。

真正的朋友就算不在身邊，也不常見面，心裡依然會時時關心、掛念，只要有機會碰面，一聊起來還是跟從前一樣掏心掏肺，很輕鬆、很真心。如果真的因為距離和生活型態，導致友誼慢慢變淡，那也不要強求。因為這一切沒有不好，只是目前暫時無法走在一起而已。

我相信，真正的好朋友不在數目多寡，能交心的，只要幾個也就夠了。有一天讀到一篇文章說：老年生活要幸福，至少要有十個以上的好朋友。為了在未來過上幸福老年生活，我繼續經營我的友誼，不過心態上更健康而隨緣了，放開手、放開心，維持淡淡的卻真誠的關係。

活到某個年紀之後，有一點禮貌距離的相處，反而更沒有壓力。這時候我才體會到，對於友誼也要學會適時放手，也要斷捨離。

關於友誼中的放手，我還有另一層體會。當我們長大之後，每個人都有自己的主見，也意味著我們愈來愈不容易受到朋友影響。可是，當身旁好友發生問題時，我們的主見經常迅速衝到第一線，一股腦兒給了太多對方並不一定需要的意見。

Vivi
I am happy
to be here.
我很高興我在這裏。

譬如，我的好友遇到婚姻問題，在她們向我傾吐之後，我總是急切地想要提供建議：妳應該如何處理，妳要怎麼辦……雖然是出自於想要保護朋友的好意，其實大多都是基於自己的主觀意見。如果最後朋友沒有照著我的建議去做，我還會生氣，覺得對方辜負了自己的一片真心，卻忘了那是對方的人生，並不是我的。

你為他好，但他不是你，你也不是他，你怎麼知道什麼才是對他好的選擇呢？所以，保持微微的距離吧！只要好朋友需要你的時候，你在，就夠了。

他的人生由他自己決定，不管結果好壞，你都會陪在他的身邊。正如你的人生不需要朋友來幫你做決定，但他們會是你最堅實的支柱。

另外，生活中還有一種友誼斷捨離，就是隨著年紀漸增，慢慢看清楚身邊哪些是酒肉朋友，哪些是患難之交。我變得愈來愈懶得交際，因為與其花時間跟泛泛之交相處，為什麼不把珍貴時間保留給自己，或留給親愛的家人跟好友呢？於是，也慢慢斷捨離掉一些不那麼重要的社交關係。

當你愈來愈清楚自己想要的關係是什麼，就會愈來愈懂得怎麼樣在人與人之間說「不」。

以前，只要朋友邀約，不管有什麼事或有什麼狀況，我都會想盡辦法排開，準時赴約。即便有時候不想去，也會勉強自己去。一方面是不希望對方失望，再者是覺得自己應該要參與朋友的活動，不想被拋在社交圈外。

但明明有時候我只想待在家休息呀，為什麼要逼自己去呢？真正的好朋友不會勉強你，真正的好朋友也不會因為你缺席，就打壞彼此關係。真正的友誼不在表面的手牽手，而是內在的心連心。

小時候的我們很單純——心單純、生活單純，關係自然也單純。但人

心情便利貼

當我們口中說著要經營好人際關係，
別忘了也要斷捨離自己心中的負面情緒：
自我、自尊，甚至一股氣………
斷捨離，不但是放過別人，也是放過自己。

就是會長大呀！當生活周遭的人事物愈來愈複雜多變，人與人之間的關係就更難了，深深覺得友誼也是一門修行的功課。

生活裡遇到可以交心的朋友，生命中有一段禁得起時間考驗的友誼，真的要好好珍惜。練習友誼的斷捨離，不是無情，也不是絕情，是想將有限的時間和真心，放在那些真正值得的人身上。

我希望，也期望，自己在處理人際上能愈來愈豁達，不勉強、不苛求，只要輕輕抓好友誼的手，這樣就好。

致大人，兒童節快樂！

生活周遭百分之九十五的朋友都晉升為爸爸媽媽了，我們的很多聚會都有小 baby、小朋友參加。常常，我跟孩子們像朋友一樣玩在一起、瘋在一起，笑得開懷的同時，也不禁感嘆：「還是當小孩好啊！小朋友好無憂無慮喔！」

孩子們想哭就哭、想叫就叫、想睡就睡、想吃就吃、想玩就玩、說不要就不要、說不想就不想，本來還好好的，突然間就崩潰了；明明答應，下一秒就反悔……當小孩真好呢！我再次由衷欣羨他們的自由自在，不用經營人際關係（因為百分之九十八的大人都喜歡小孩）、不用看人臉色（可能偶爾要看爸媽臉色，但無關工作業績收入）。

當一個小孩真爽！如果能回到小時候，多好！這樣的想法，當大人的你應該都曾有過吧？

其實我們也都曾經是小孩啊！就算年紀大了，就算為人父為人母了，我們都還保有小孩的那一面，只是礙於已經長大，是個大人了，我們必須把小孩的那一面壓抑下來，收在外人看不到的地方。

我那些已經變成爸爸、媽媽的朋友，經常也會因為孩子們的調皮，想要罷工。每天都要早起做早餐的媽媽們，也想偷懶賴床，多睡一會兒。家事、瑣事一股腦兒湧到面前時，他們也想崩潰大哭。

大人也希望不用憂慮工作、家計、柴米油鹽；生氣時也想大叫就大叫；委屈難過時，若能抱著爸媽大哭一場不知道有多好……這些情緒、這些感受，不會因為年齡增長就消失無蹤。只是，我們在大人的外表下，努力撐著而已。

彷彿年紀愈大，愈不好意思表達出某些情感，覺得怪難為情的。尤其在情感表達普遍含蓄的東方社會，我們不像外國人那樣熱情，總是比較羞於顯露感情。我愛你、我需要你、我恨你……好像都很難隨意說出口。

以我為例，我從小到大就是個很愛哭的戲劇型女子（drama queen），心裡有什麼事，有任何情緒，我都會說、會哭、會叫，會讓我的家人、好友知道，他們是我的支柱，也是我的情緒出口，更是依靠。

他們常說，很羨慕我懂得釋放，可以把內心的感受發洩出來，讓滿溢的情緒有抒發的地方。我也一直以為，自己會這樣當個 drama queen 下去。直到有一天，發現自己長大了，然後，我開始學著隱藏起自己的情緒和情感。

因為大家都忙於工作和生活，加上家家有本難念的經，抱著不想麻煩人的心態，我一點一點收起自己的煩惱，然後慢慢習慣了，也懶得說了。覺得自己都這麼大了，難道還要找爸媽撒嬌討拍嗎？所以面對父母總是報喜不報憂，不希望他們擔心。

遇到擾心的事，我告訴自己：「都幾歲的人了，還不能好好控制情緒嗎？一個大人哭哭啼啼的，又不是小孩子！」就這樣，我不再像以前。生活裡可以吞的委屈就吞下去，吞不下的也盡量吞。我想，這是變成大人的責任跟修行，也是必經路程。

至於那一直以來就存在的內在小孩呢？他也不見了嗎？

我覺得不是的，只是他被放在很深的角落，可能一直被忽略了，也可能偶被瞥見，但很快又被掩蓋起來。不過，他一直都在。

有人說，人老了就會變回小孩。我覺得不是「變回」小孩，而是老人家不像「大人」那麼能撐、那樣自制，所以住在心裡的小孩就跑出來了，像回到童年一樣。

每年兒童節之前，好友們紛紛準備禮物送給自己的小孩。我好想告訴他們：「辛苦的爸爸媽媽，我們也準備一份禮物給自己吧！」

謝謝自己努力成為大人；

謝謝自己再辛苦、再累，也努力撐著；

謝謝自己很無助、很委屈忍不住落淚時，

把眼淚擦乾後就繼續投入工作、投入生活；

謝謝自己焦頭爛額時，還願意努力面對，解決問題。

謝謝你，進行式的大人，還有，一直住在心裡的內在小孩，

祝你們兒童節快樂，都要快樂喔！

心情便利貼

不管活到幾歲，我們有一部分都是小孩，

不該一直被忽略。

因為如果不正視他、好好照顧他，

他會委屈、會累。

他一直跟你一起，也很努力，

問問自己：你給過他鼓勵嗎？

你安慰過他嗎？

E·GOYARD
E·GOYARD

在歸去之前，我只想好好活著

老實說，死亡是我很不想觸碰的課題。即使現在正在寫著關於死亡的文章，但只要寫到死亡兩個字，心還是會揪一下。

一直以來，我單純只是怕死，覺得死了就看不到家人了，死了就什麼都沒有了。因為不想死，所以對死亡的感覺就是恐懼。面對死亡這件事，我盡量不去觸碰，也不多想，就是所謂的鴕鳥心態吧！

直到幾年前，好友突然離世。因為那次經歷，我對死亡多了一些深刻的小小體悟。

小時候，印象裡的死亡，我只經歷過爺爺辭世。當時年紀尚小，記憶中都是喪禮的儀式，那些傳統的儀式上，身為家屬的我們要過一個橋（當時我好怕），靈堂上還有蚌殼精跑來跑去，也把我嚇得半死；然後司儀要我們跟著念經文、喊爺爺的名字，還不太懂事的我好害怕，一直想喊了之後，爺爺會出現嗎？

出殯當天，我走在後面，跟著浩浩蕩蕩的家族隊伍一路前進。整個過程就是一路怕怕怕，緊張地度過，心裡的害怕遠大過悲傷。

第一次讓我痛徹心扉的死亡，應該算是狗女兒 fifi 的意外離開。當時我滿心不捨，每天都思念牠。

我是從小養狗的人，經歷過好幾次狗狗的離世，都沒有 fifi 的走讓我如此悲痛。不知道是因為長大了，感覺比較強烈，還是因為這是一場意外，而意外總讓人手足無措，難以接受。

fifi 走後，足足有三個月我沒辦法出門，還去看了心理醫師。然後，我迷上《西藏生死書》，只因為想知道死亡後會去哪兒，fifi 還好嗎？我能為牠做什麼？我常問老天，為什麼我只要有 fifi 就滿足了，你卻將牠帶走？

03 04 24

那段時間，我怨過、恨過。直到福仔瓜出現，照顧牠讓我轉移重心，也讓我把悲傷與心痛，放在心裡很深很深的角落，只要不去想，它就不會出來打擾。但是在那之後，我變得神經質，害怕再次經歷這樣的事情，所以我在家中裝設了攝影機，可以隨時監看狗狗的動態。在外工作時，我動不動就打電話回家查看。死亡和離別的陰影深深綁住我。

然後，又碰到好友離世，這是長大後，第一次真正面對人的離去。一直到現在，很多當下的場景、感覺，我都不太敢去回想，只要一想就覺得呼吸困難、心痛難耐。

記得去靈堂弔唁那天，看到遺照的當下，終於體會電視電影上演的哭到癱軟、崩潰的感覺，因為，你知道那是真正的道別。此後，你再也看不到本尊了，只能跟照片說話。

直到現在，我還是感到不可思議，這個人怎麼真的不在了？到現在我還是會自責，如果早一點去了解他的病情（憂鬱症），是不是就可以改變些什麼呢？

大家都說，人走了，我們要學習放下，但是很難放呀！誰可以告訴我到底怎麼放呢？雖說人都會死，死亡這門課題大家都要學習，不過真的很難啊！原本出現在你生活周遭的人，突然再也不會出現，不是不見面，而是消失在這個世界上，讓我真切感受到生命的脆弱和渺小。

原來，死亡離我們這麼近啊！

友人走後，我經歷過一段時間的低潮，不時想到就會崩潰大哭一場，心情非常低落，常想著萬一有一天自己在家死了，會不會沒人發現……甚至因為這些創傷症候群，做了半年心理諮商。然後，慢慢的，我有了新的領悟。

是我學會了生死課題嗎？沒有，並沒有學會。不過，我很清楚知道生命真的很無常，隨時都有可能消失，死亡其實離我們很近。人生最重要的事就是活著，試問沒有了生命，還能做什麼呢？

你可能會說這個道理大家都知道啊！

沒錯。但人往往都是在失去之後，才開始後悔，也才懂得珍惜。明明知道卻放任不理，這就是人的劣根性吧！就像總要等到生大病了，才想到要好好照顧身體。

因為這個領悟，我開始正視身心健康的重要性。懂得放下某些無謂的堅持，還有負面想法、情緒等等，人生苦短，老是卡在某個執念上過不去，徒然讓自己陷於鬱卒的狀態中，根本沒有必要。

我突然體會到，把時間浪費在某些不屬於或不適合自己的人事物上，就是在浪費時間、浪費心力、浪費生命。那些精力不如用來好好愛自己，讓自己開心。人能健康地活著，是很幸運、很幸福的，所以一定要好好活著，把握當下（這真的要透過不斷練習，因為我們常常卡在對過去的追悔，以及對未來的憂慮當中，忘記了最重要的當下）。

當年，我生氣朋友就這樣任性地離開，那個衝擊讓我受了重傷。再加上一些其他事情，我感覺自己站在人生的谷底，看不到陽光。「我爬得出去嗎？」很多次我默默問自己。

數年過去了，我很喜歡現在的自己。經常想，如果當時沒有掉到谷底，可能永遠不會長大，不會是現在的樣子。所以，我反而感激那段時光和那些悲傷，今日的我有一點點成長、領悟和改變（好的方面），應該是朋友送給我的離別禮物，我要好好珍惜。

任何人事物都有他出現的理由或契機，也許當下你覺得痛苦萬分，但有時候它帶來的，也可能是你意想不到的禮物。所以，就是去面對吧！好好的面對，那些過程會變成成長的養分還是毒藥，端看你怎麼想、怎麼定義。

你說你還是會害怕，那就怕呀！但在怕的同時，別忘了要勇敢去經歷。因為除了死亡，沒有什麼過不了的關，真正過不了的，只有你的執念。

最近一位朋友聊天時問我：「如果妳知道死亡之後去的地方很美、很棒，還會怕死嗎？」

我想了想說：「嗯，那可能就不會怕了吧！」

接下來，朋友說了很多他的體會，像是我們這一世都是來學習的，人身只是軀殼，靈魂卻是永遠的。你所想的意念會帶你去你想去的地方。有時候，我們會在某些事情發生的當下，覺得這一幕曾經看過，也是所謂的既視感。朋友說，那就是你的靈魂在你睡覺的時候，去到不同的次元空間等等。

我像聽故事一樣聽他說著。我當然不知道是真是假，但不知道為什麼，現在的我比較不那麼害怕死亡了。我想，這道理跟「你的所想決定你

心情便利貼

因為死亡一定會來臨，

所以在它到來之前，要好好珍惜活著的時光，

學會開心、練習快樂、感受幸福，

尤其是珍惜當下，千萬別浪費掉喔！

的出路」一樣；過去，我把死亡跟不好、不祥、痛苦、傷心、離別連在一起，所以怕它。

現在，死亡在我心中有另一副面貌，不再是純然負面的東西，如同朋友告訴我的：「你想好的就是好的，你一直想壞的，它就會是壞的。練習別讓那些卡住你的負面念頭，占據你的心太多、太久。」

死亡既然是每個人一定會去的歸路，那麼，是不是應該學著打開心門去好好面對它呢？

Chapter 2

關於愛情

與其在愛裡委屈，不如瀟灑轉身

面對感情，何妨改走瀟灑路線，
不要再像年輕時那樣執著了，
只要懂得適時放手，
人生就無所畏懼。
無懼者無敵，
請抱著無所畏懼的信念去談戀愛吧！

只是愛上那個 Feel

很想知道大家怎麼樣選擇男（女）朋友？會設下條件嗎？又真的會照那些條件去做選擇嗎？

我的朋友常常勸我，要選擇「有結婚條件」的男人交往，因為這樣才會逐步邁向婚姻。可惜我到現在還無法完全理解這樣的想法跟模式。畢竟，感情從來就沒有絕對。

你認為對方具備「結婚的條件」，難道交往之後一定會結婚嗎？好吧，即使對方也想要結婚，有房又有車，但你對他卻沒有感覺，或是個性上不適合，難道還要為了「可能可以結婚」跟他交往嗎？

從小到大，我選擇交往對象的「條件」只有一個，就是直覺——那是一種感覺，一見到面就覺得「是他了」，有點像一見鍾情。基本上，我沒有遇過那種一開始沒feel，先從朋友做起，慢慢試試看可不可以交往的對象。

因為就是對這個人沒有感覺，無論如何努力也難以生出feel來。研究星座的朋友說，水象星座講感覺、重心靈層面的愛情觀就是這樣。我媽卻吐槽，說我是那個每次都被虛幻感覺（所謂的feel）鬼遮眼的白痴。

老媽真是一針見血。剛開始，因為很有feel（好啦，我承認這類對象外表通常都挺好的，穿衣風格迷人），加上我重feel的天性，自動為對方再加一百分，那種美好的感覺，像彩虹般籠罩著我們，所以度過一段開心甜蜜的熱戀期。

接下來，水象星座重心靈層面的那個部分出現了。我想盡辦法營造戀愛氛圍，每天照著維維戀愛劇本走。一段時間之後，當雙方慢慢露出本性，或對方不照劇本走了，又或者是我不想寫劇本的時候，問題就來了。

因為當初就靠著一個 feel 來做選擇，感覺和情緒操控了全部，理智近乎零，所以對方的個性、脾氣、待人處事、價值觀和想法等等，我其實並不清楚，更不知道他適不適合我。但由於我很會忍，通常可以忍很久，為了保持戀情，我忍耐、妥協、改變自己……慢慢的，我變得不是自己了。

這樣的愛情，短則兩三年，最久的曾長達十一年，最後，理智會慢慢導引出一個方向。當理智逐漸蓋過感覺，最後的結果一定是分手。因為感覺會變，會隨著周遭人事物不斷變遷，它太虛無飄渺且無法控制。

這種鬼遮眼的情形多了之後，連我自己都會調侃說，因為星座關係，總是以直覺選擇了錯誤的愛情（統統推給星座就對了）。

你問我後悔嗎？當然啦！百分之八十都後悔，只是程度大小不同而已。當感覺歸零的時候，就變得什麼都不是了，然後開始懷疑自己，奇怪自己怎麼會跟這樣的人在一起？怎麼可能愛上這種人？在一半懊惱、一半真心反省，外加分析之下，理智愈來愈強，這才看清事實，直到時間帶走一切。

然後，下一段又來了，類似情節再度上演……不過無論經過多少次輪迴，我依然不贊成「條件說」這種擇偶論。

這幾年隨著自我成長（經歷太多瞎事之後），慢慢懂了，單憑直覺去選擇對象，是多麼任性的事。因為你只考慮當下的感覺，以及他帶給你的悸動——噢！他好有個性；他說話好好笑；或是他很愛狗，應該也會疼女友吧！諸如此類的OS，但請記住，這一切都是你自己的感覺。

此時，理智腦應該要出現了，好好思考和判斷所有狀況，控制一下過於任性的直覺，這樣才能避免將會發生的錯誤。當然，感情是無法預料的，這世上瞎人瞎事太多（很多誇張如八點檔劇情，卻在真實生活中上演，我自己也演過幾齣），我們管不了別人，但至少可以管管自己。

如果，你像我小時候一樣，就是喜歡憑直覺認愛，OK的，年少輕狂嘛！而且人生苦短，就是要做自己想做的事啊！反正後果自己承擔，受點傷也好，後悔也罷，都會過去的。現在的我常常想，如果早一點聽媽媽的話，早一點學會愛情教戰手冊裡的那些竅門，也許，心裡的傷疤會少一點。

說實在的，受傷我不怕，只是慢慢長大後，愈來愈討厭後悔的感覺，討厭質疑自己的我。所以，在落入愛情陷阱之前，終於懂得要思考，也不會再任性了。那種一見面宛如看到湛藍大海，想要奮不顧身跳下去冒險的衝動，現在會停看聽了。

因為我知道，直覺可以是美麗又夢幻的無限想像，也可以是裹著糖衣的毒藥，一定要小心服用啊！

心情便利貼

為什麼老天要給我們一個大腦？

就是要我們思考啊！

有 feel 很重要，但再有 feel 的對象，

假使個性跟你不和，或其實不太喜歡你，

抑或是有 feel，卻擺明是個浪子，

這時候若還依賴直覺，

只能說是「明知山有虎，偏向虎山行」。

別在愛裡丟失自己

有人說談戀愛的時候，能找到一個讓你做自己的另一半，是很幸運又幸福的事。

一直覺得，我就是那個能讓另一半感到幸運的人。因為我會為了彼此美好的相處而改變自己，也會為了讓另一半開心，要求自己達到對方所希望的一切，努力變成他想要的樣子。

乍看之下，好像是為了對方去做種種改變，但骨子裡，這是一種沒有安全感的表現；又或者，其實是一種詐騙——因為我很在乎你，希望你也在乎我；怕你生氣，是怕因此失去你，於是妥協了很多事情。

例如，為了對方改變喜好；為了時時跟對方膩在一起，增加很多新的興趣；因為對方喜歡辣妹，所以從文青女孩變成性感女郎……這些改變一開始一定心甘情願、滿心愛意，但隨著時間累積，內心真正的自己、真正的喜好和感受，會慢慢浮現出來，之前所做的改變也慢慢變得勉強（往好處想，這也算是另類的學習新事物、培養新興趣和鍛鍊忍耐力）。

我曾經每天一早獨自起床看F1賽車，只因為男友起不來，所以我先幫他看賽事，如果有精彩賽況再叫他起床。我也曾經成為NBA的迷妹，跟著男友看球賽，賣力加油，甚至陪伴他去打球（當然是坐在觀眾席旁觀），那時，我對NBA就像對我的男神木村拓哉一樣，真心愛著，全心守護支持。

完全不喜歡打電動的我，有兩年半時間，每天都在玩線上遊戲（真的是每天喔！那時我們的約會應該都在遊戲中度過吧！），我買了全套線上遊戲專用的電腦配備、耳機，從頭開始跟著練功。一開始反應慢，常常在線上被其他玩家罵，邊玩邊哭；到最後變成遊戲公會裡的第一牧師（厲害吧！說明有志者事竟成）。

這一切，都因為愛屋及烏呀！我的另一半喜歡什麼，我當然也要參與。只是，百分之九十的對方，不曾因此感激——反正你什麼都配合他了，他專心做自己就好。

每段感情走到一半，也就是理智被感覺蓋住的那段時間，我都活在自己的想像當中。為了營造戀愛的美好感覺，盡了最大努力，這就是我所謂的詐騙——為了自己想要的美好感覺，去演出那些不是真正的「我的樣子」，而且一演好幾年。

從這一點來看，我應該算是非常投入的演出者吧！但仔細剖析，某種程度是因為沒有安全感又害怕失去的緣故，就像小時候很想得到某一個玩具，會乖乖聽媽媽的話，努力當個乖寶寶。在戀愛中，因為太怕失去對方、失去這段感情，所以竭盡所能當個乖順的女友，甚至變成另一半喜歡的模樣。心想，也許這樣，他就會一直愛你。

但是，能演多久呢？又能把真實的自己埋藏多久呢？

ALMIGHTY
CHEESEBURGER
GRAND OPENING
ALMIGHTY
CHEESEBURGER
5200 WON
11:00-21:00

我最長的紀錄是五年。我相信一定有比這更長的紀錄。但是，我們是人，不是神，在隱藏自己的時候，一定會出現不滿、會心有不平、會想當回自己。加上隨著時間流逝，熱戀的美好感覺開始被現實沖淡，理智浮上來，持續追問自己：你為什麼要忍？為什麼要配合？這不是你，這也不是你想要的……

然後，有一天，就爆炸了。

我有兩段感情在開始變質的當下，對方說了一模一樣的話：「妳變了！妳跟以前不一樣了。」

其實，我沒有變。現在的我，才是真正的我。

人如果需要隱忍很多事情過日子，時間久了，不是變成行屍走肉，就是會慢慢累積不滿而形成內傷。這一切端看你的道行有多高、時間可以拖多久，但無論多高、多久，反正總有一天會爆炸。

很多人告訴我，希望約會時可以在對方面前大口吃肉、率性啃骨頭，不用裝秀氣小口小口地吃，或佯裝胃口太小吃不下，回家之後再猛吃泡麵。

看來如此簡單微小的願望，原來很多人都做不到呀！約會時想給對方一個美好印象，這一點無可厚非，但奉勸大家，不要跟真實的自己偏差太多。因為前面裝得愈多，後面要「演」的戲就愈多。

我年輕時常常演，後來發現，雖然鍛鍊了「演技」，也得到過多次「最佳忍耐獎」，卻浪費了青春。如果對方沒辦法接受真正的你，你們要如何長久相處下去？反之亦然。

難道真的是年紀愈大愈做自己的關係嗎？還是說，年紀愈大，才知道做自己有多重要。我喜歡室內活動，他喜歡戶外運動，那就直說吧！不要再勉強自己熱愛露營，也不要逼他陪你一天到晚逛百貨公司。

心情便利貼

想要靠改變自己抓住愛情，

其實一點用都沒有，

反而會讓對方覺得你做的一切理所當然，

因為是你想要做的，又不是我勉強你的。

在愛情裡失去自己這件事，

只有你知道，對方是不會知道的。

偶爾，一起去海邊走走；
偶爾，攜手看看展覽。

讓兩個人都做回自己吧！這樣
才是最自在的相處。

別再說「談戀愛的當下，我找
不到自己」，因為在愛情之前，
千萬千萬不可以丟失自我。

放下，才沒有遺憾

對於感情，豁達的人說：「曾經愛過就夠了，不要有遺憾。」

好像只要曾經愛過就能不留遺憾，但明明很多深深愛過的情感，最後分手了，心中還是有好多好多遺憾啊！

遺憾這兩個字，包含許多情緒、不捨、不甘和追悔。被迫分手的那一方，通常覺得一定是自己做了什麼或說了什麼，對方才會離開我。

有人懊惱如果當時不要那樣緊迫盯人，對方可能不會因為壓力山大而逃跑。不甘心遇到渣男（或綠茶婊）的人，追悔著如果當時不要聽信對方的甜言蜜語，就不會掉入陷阱。

被分手的那一方，一再想著：如果不要這樣，也許就不會有那樣的結果……這些後悔的心、充滿遺憾的情緒，常讓人因此陷入泥淖，走不出失戀狀態。

後悔跟遺憾像會吞沒人的流沙，湧現得愈多往往讓人陷得愈深，如果沒有真正放下它們，甚至不敢再談戀愛。更重要的是，這些在分手後浮現的情緒，承受的都是自己，傷害的也是自己。

每段感情結束，無論好的還是不好的，都變成一個回憶。既然分手了，也許今後不會再見面，過去了就讓它過去吧！為什麼還要因為氣他而恨他，心裡一直存著對他的怨念呢！搞不好他過得好好的，只有你想到就氣、就恨，因而得了內傷，他卻可能早把你忘掉了。

或者，你因為得不到他，所以心裡一直想著他，然後呢？他還是不愛你、不想你；他去愛了別人、想著別人；只有你一廂情願，這依然是一記自己賞自己的內傷拳。

又或是，你一直責怪自己，怪自己做不好或不夠好，怪自己遇到爛咖，不管哪一種，你都沉浸在怨怪自己的情緒中。但就算你再也不談戀愛了，對方也不會回來啊！為什麼還要為難自己呢？

很多人愛問，你最愛的是哪一個前任？或哪一個前任最讓你難忘？還有，如果可以重來，你想跟哪一位前任在一起？

以前，我都會認真思考並回答。現在，只覺得無聊。

因為，前任就是前任，是過去式了，讓它好好結束吧！不用再自我檢討，也不要再去清點他的諸多不是，不要再追憶、留戀、緬懷他的一切，也不要再放多餘情緒，就讓它隨時間淡去，像風中薄霧一樣，因為，都，過，去，了。

曾經，我也是那個想起過去就整晚揪心的傻瓜；也曾因為過去的感情經歷很氣自己，覺得自己好笨，不長心眼，甚至認為自己再也沒有權

利去認識新對象。現在回看只覺得好笑，都分手了，我居然還被過去的人事物影響著，被一段逝去的感情綑綁著。

現在，我跟前任幾乎很少交惡，有一些甚至還是朋友。那是因為知道要活在當下，遇到了就好好經歷它。過去的，管它是遺憾、是美夢、是地獄，還是天堂，就都讓它過去吧！

心情便利貼

在感情上，

記得要讓對方後悔失去你，

而不是自己一直陷在沮喪和後悔當中！

姐弟戀過敏症

近年來，女大男小的姐弟戀話題正夯，電視電影戲劇中頻繁出現這類題材。每次看劇都覺得自己走在潮流之先，因為過往的幾段感情都是姐弟戀。

我一向認為，感情上的年齡差距不是問題；但就像流行服飾不必然每個人穿起來都會好看，姐弟戀的結果經常因人而異。所以如果你問我：「姐弟戀適合所有人嗎？」從前的我會立刻舉「○」；現在再問同樣問題，答案就沒有那麼斬釘截鐵了。

「姐弟戀？嗯，不好吧！最好再想想。」可能會是我的回答。之所改變答案，是因為過往的經歷，帶給我滿身的傷和滿心陰影。

是的，我在姐弟戀的過程中受傷了，而且重傷。

EN OLE PELOTTAVA, IHAN TOTTA.
OHTO
「誤解されやすいくま」
を、おとどけします。
LEMPEÄN KARHUN
LEIPÄMARKKINAT

說起來，我們家跟姐弟戀很有緣，因為我的父母就是姐弟戀。在他們年輕時那個年代，算很前衛的，只是在結婚三十年後，他們離婚了。

爸媽在個性上有很多不同，兩人喜歡的東西也不一樣。說真的，我也搞不懂他們為什麼會結婚。媽媽因為年齡較大，自認為經驗豐富，所以很愛唸；結婚後，爸爸的男人自尊心作祟，總是把媽媽的嘮叨當成耳邊風。時間久了，彼此心裡都累積著不滿，慢慢地愈來愈少溝通，直至零溝通，最後零互動。坦白說，可以忍三十年才分開，也算厲害了。

至於我自己，不知道是不是因為自身不夠成熟（應該說還很幼稚）的關係，所以跟一樣不夠成熟的弟弟情人相處時，一旦有爭執，常常互不相讓，甚至針鋒相對。

「你太年輕，你不懂。」我說。

「妳年紀大，有代溝！」弟弟情人一句話就堵回來。

就這樣，我常常因為對方的無理和任性，氣得想吐血。加上自己又不夠睿智，無法成熟穩重地處理衝突，每次都因為對方的觀點太荒謬，導致我無法冷靜講道理，最後竟隨之起舞——來吵啊！誰怕誰。

每次都吵到天崩地裂才會消停，而後再慢慢和好。但這些憤怒、爭吵，一點一滴消耗彼此的感情。重點是，兩個人都很累，身心俱疲。

累人的感情怎麼會長久呢？我曾經想過，是不是老天爺覺得我不夠成熟，想要訓練我，所以遇到的都是比我更不成熟，且任性如王子般的情人。很遺憾我的「修行」並沒有因此變好，不成熟的姐弟戀，讓我的脾氣變得更加暴躁。

我們所處的社會，雖然包容性愈來愈大，但還是有很多人對姐弟戀抱持負面觀感，才會出現諸如：姐姐吃嫩草、啃嫩男、小鮮肉補眼睛等戲謔形容。雙方年紀相差愈多，批判詞彙就愈為難聽；反觀，若是男大女小似乎比較理所當然，有些人甚至把交到嫩妹，視為老男人的光榮。

男女先天在生理上就存在著不平等，也是姐弟戀的嚴苛考驗。不管姐姐外表看來多麼年輕，年齡數字就是一個鐵錚錚的事實。剛交往的時候，男方家人可能擔心：「女方比較大，會不會有馬上想要結婚的壓力？」

妳說妳還不想結婚。過一段日子又會出現：「一直不結婚，再過幾年會不會生不出來？」高齡產婦的問題一直是大齡女子的隱患。

不只男方家長擔心，妳的長輩們也有顧忌：「他的年紀那麼小，心都不定，怎麼跟妳結婚？」就算你們決定踏入婚姻，長輩還是疑慮：「他那麼小，自己都還是個小孩，怎麼養小孩和教育小孩呢？」以上種種，還不包括現實的經濟考量。

我自己的經驗是，曾遇過比我小的男生想婚，我卻還不想定下來，最後他恐嚇我，說出：「妳已經這把年紀了，懷孕本來就難，妳想想等到小孩出生時，妳都多老了……」這類傷人的話。

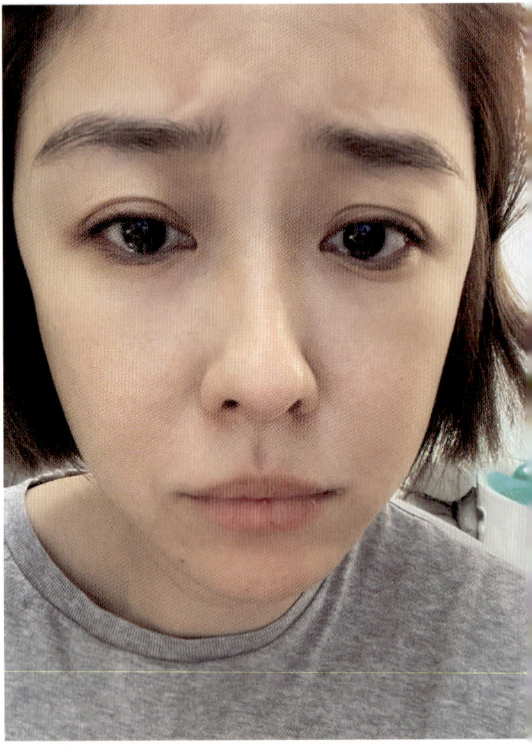

交往後，年齡落差也經常被拿來作為分手理由。小男生跟姐姐說：「我們分手吧！因為妳年紀比較大，我不想耽誤妳。」聽到這類很瞎的理由，常讓我忍不住翻白眼，請問你在熱烈追求時、熱戀時，怎麼不怕耽誤呢？

當然啦，姐姐也可以以此作為抽身藉口：「我要跟你分手，因為你太年輕了，我不想綁住你。」

吵架時，年齡變成最好的武器。相戀時信誓旦旦：「不管你幾歲，我都愛你。」等到吵架時（尤其吵不過又沒理的時候），弟弟丟出殺手鐧：「我們有代溝！我們的年齡世代不同，所以想法、觀念不同。」

跟所有美好的戀情一樣，一開始交往都是甜蜜的，他才會說不在乎妳的年紀，如果真的在意，就不會跟妳在一起了。但隨著時間慢慢過去，不管有意無意，年齡攻擊無所不在，尤其吵架的時候，口拙的弟弟情人被逼急了會說：

「妳年紀比較大，不知道世代不一樣了！我們（指跟他年紀一樣的人）就不會這樣……」還有，「年輕美眉都不會像妳這樣」或「比較年輕的女生都如何如何」。

以上種種，當下的我都無力反抗，也曾因此迷失過，想要變成對方口中的年輕妹妹，穿著不自在的衣服，脫下舒服的平底鞋，換上他口中年輕女生喜歡的高跟鞋。但我明明就不是這樣的人啊！慢慢的，我變得不再是我，不是我的我，「表現」愈來愈差；而真正的我，則累積了一肚子怨念。

當然，姐弟戀也不是沒有成功範例，只是因為年齡上的差距，在相處時需要更多智慧與體諒。見多識廣的姐姐，面對弟弟情人的天馬行空時，不要倚老賣老，更不要一下就拿出媽媽、老師或姐姐的樣子，直接抹煞弟弟的想法。就算心裡想著：老娘五百年前就看過、用過、吃過、經歷過等等，表面上最好還是要表現出興趣，為另一半留些面子。

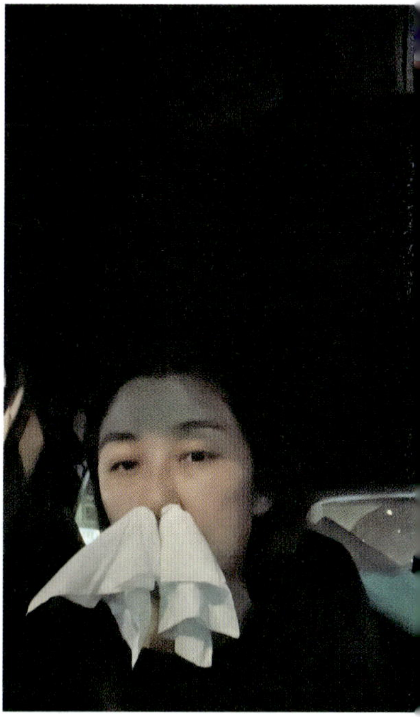

當弟弟情人秀出新世代的東西，是姐姐不知道、不了解、看不懂或不想懂的，姐姐不妨試著了解和學習。弟弟也不要動不動就說：「妳老人家不懂啦！」換言之，雙方都要顧及彼此感受，年紀和經歷的差距，需要兩個人共同努力克服。

不可諱言，過去幾段姐弟戀的失敗，曾一度讓我失去自信，原本不在乎年齡數字的我，開始在乎起來，變得斤斤計較，這些都是弟弟情人留給我的「禮物」。相信很多談著姐弟戀的姐姐也跟我一樣，內心會有一種年齡迷思，認為男人愈老愈值錢，女人愈老愈沒有條件，進而為自己畫了一個框框。

但是，一直待在框框裡的人，自信會愈來愈薄弱，不是想要抓得更緊，就是降格委屈配合。

請記住，妳是姐姐，妳的經歷、能力都是累積而來的，這是年紀大才能擁有的優勢。面對感情，何妨改走瀟灑路線，不要再像年輕時那樣

心情便利貼

無論姐弟戀還是老少配，都是人給的統稱，
不要被這個名詞綁到或制約了。
感情是「人」跟「人」談的，
每個人都不一樣，遇到的狀況不同，
結果當然也不會一樣。
有幸遇到了，就放手去愛吧！

執著了，只要懂得適時放手，人生就無所畏懼，所謂無懼者無敵，請抱著「無所畏懼」的信念去談戀愛吧！

此外，不管你談的是哪一種戀愛，都不要一味聽信別人給的意見／建議／開導。應該好好冷靜思考，然後認真的 fall in love。無論結果是真的掉入愛河中，還是不幸 fall in hell 了，都沒關係，因為過程才是最重要的。

我以爲天要塌下來了

年輕時，談戀愛應該是生活中最重要的事了。當時的我以為自己很需要它，不能想像沒有愛情的世界，失去愛情，我覺得人生是黑白的。

因此只要回到單身，我就覺得自己很可憐，感覺寂寞孤單。一個人能幹嘛呢？我的心好空、頭腦好空，做什麼都好無趣，我不斷累積著自己的寂寞感，最後有一天，感覺天要塌下來了！

我很愛逛超市。曾經有某個情人節，正好單身一人，想去 SOGO 超市買點東西，買完後搭上計程車，看著路上一對對佳偶，眼淚不自覺掉了下來。我哭了，內心吶喊著：「為什麼只有我自己一個人啊！我好 lonely 啊！」（請原諒我當時年紀小，忘了把好朋友和家人當成人。）

我的哭聲嚇壞當時的計程車司機，如果他知道我是因為情人節形單影隻而哭泣，肯定會叫我滾下車吧！總之，年輕時，我的生活裡不能、也不要一個人！一定要有男朋友在身邊，沒有男友就會每天哀哀叫，四處拜求桃花，找算命師、塔羅牌師傅，逼問我的真命天子在哪裡？什麼時候會出現……我就是為愛而生的人啊！

也因此，年少輕狂時，我的身邊幾乎都有另一半。你以為這樣就沒有煩惱了嗎？

錯！有了另一半，就進入另一階段，也可以說是另一個深淵，開始面對兩人之間的種種問題（請原諒當時我年紀小，想的劇本都是談戀愛時的粉紅泡泡，沒有想過相處問題）。現在回想，那些年讓我哭到肝腸寸斷，氣到捶胸頓足，經常心懸在半空中，總覺得有口氣卡在胸口無法呼吸，整天緊張兮兮、疑神疑鬼，這些充滿戲劇張力的焦慮情緒，都是因為擔心同一件事——害怕失去。

分手，對當時的我來說，就像天要塌下來一樣可怕！

一個害怕獨自面對自己的人，好不容易擁有了另一半，因為希望不要再變回一個人，所以無論好壞、適不適合都不重要，一心只想緊緊抓住這個人，那些為愛痴狂的歲月裡，我因此得到朋友頒給我的「最佳忍耐獎」。

因為太想跟對方好好膩在一起，不想吵架（怕分手），所以我忍耐配合對方。小自興趣、喜好、吃的、用的，一直到最後變成侍奉「無理國王子」，我全力順著對方。只要對方不開心或生氣，我就像熱鍋上的螞蟻，想辦法討好他。

為此，我的生活目標變得很單一，只要兩個人「好好的」就好，我就可以告訴別人「我們很好」「我們沒事」。因為過於在乎，我當過 FBI，也扮過偵探，追著線索加上絕佳的想像力，我變成很到位的聯邦探員。

記得最後一次坐計程車「追蹤」男友，計程車一邊開，我一邊想著他會去哪裡？我請司機開去一個又一個他可能會去的地方，沿途心裡七上八下，像得了失心瘋一樣，卻一點都不覺得自己有什麼問題。腦海中一直上演著自己腦補出來的劇情：他跟另一個女生一起被我抓到的畫面……越想越氣！（明明是自己的想像，卻可以氣到爆炸。）

不知道當時抱持什麼樣的心態進行這場抓猴行動，是希望真的抓到什麼，還是骨子裡根本不想抓到，說真的連自己也弄不清楚。只記得邊找邊哭（我小時候可真愛哭），完全不在乎計程車跳表多少錢（年少錢狂啊）！

不知道找了多久，只記得最後司機伯伯看不下去了，轉過頭來對我說：「妹妹，妳不要哭了啦！妳這個樣子如果被妳爸媽看到，他們會很難過的！」

那次，是我最後一次當 FBI（謝謝司機伯伯把我從 FBI 偽劇情中解救出來）。那段時間，我妹常跟我說：「妳真的是太閒了，才會做這些事，老是拿這些愛情問題來煩自己。」當時我覺得她根本不懂，不懂我這個雙魚女愛情至上的心。

就這樣，我活在愛的煉獄中（沒錯，是煉獄）。經歷、磨練、受傷……然後再一次經歷、磨練、受傷……如此輪迴，直到三十八歲那年（成長永遠不嫌晚）。

那一年，人生第一次經歷「天啊！我在谷底」的低潮，因為處在谷底，只能（也必須）往上爬，被迫在短時間內長大（此時終於知道自己很幸運，這麼老才被迫長大）。

一直在生活和經濟上無憂無慮的我，突然間必須完全獨立，從生活到經濟層面都要學著長大，甚至還要負擔家人生計。那時，我從家裡搬出來，自己租屋獨居，柴米油鹽加上生活費，每個月都要面對各種帳單。原本覺得無論如何都有靠山的安全心態，變成每天都在擔心未來，焦慮、恐慌充滿內心。

在那段時間，金錢變成很重要的東西，賺錢成為必要的事。在那之前，我這個老女孩工作要做不做，挑東揀西，因為不缺錢，所以沒有一定要工作的壓力。在那之後，老女孩把自己撐起來變成大人，每天努力活著、努力生活。

這個危機成功改變了我。至少，我現在可以自信地說，我是個獨立的半大人了。

這幾年，我努力應付現實生活，努力工作賺錢、存錢，從悠哉的孩子，變成可以養家活口的大人。這段時間裡，腦海中完全沒有想過戀愛和感情，試問如果你已經吃不飽、付不出房租，銀行裡空空如也，還會煩惱有沒有男朋友或女朋友嗎？光想著活不活得下去，已經夠疲累了，真的不會再多想其他事情。

另外一個原因，是這段時間我學會兩件要事——跟自己相處以及愛自己，這是兩種非常重要的能力，而我從前完全不懂、也不會。這些學習加上忙碌，已經占據絕大部分時間，戀愛、感情，是不在排程上的非必要選項。

現在的我，已經完全了解當時妹妹對我說的話。年輕時候，生活的重心是愛情（也可以說是生活沒有重心），每天都把時間跟精力花在煩惱男女私情上頭，就像是不務朝政的皇帝一樣。現在看過去的自己，覺得若把那些煩惱戀愛的時間，拿一半來努力工作的話，也許現在的我已經小有資產了。

生活中重要的事情太多，感情只是一部分而已。即使人生全被愛情包圍，被感情牢牢綑綁的人，也不一定就會快樂。同樣地，沒有愛情也不見得就跟快樂絕緣。

唯一可以決定快樂與不快樂的人，只有你自己。你怎麼想、怎麼面對問題與煩惱，如何定義遇到的人事物，決定了你的感受和你為人生打的分數。你是自己的領航員，也是快樂和幸福的創造者。

工作生活家
work as life

心情便利貼

以一個曾經身為愛情瘋子的過來人，

我可以很確定告訴你：

沒有愛情，天不會塌下來；

分手了，天也不會塌下來；

沒有錢、沒工作，天同樣不會塌下來。

但是，沒錢吃飯的話，

肚皮倒是很快就會塌下來。

寵物雖然不會說話，
但是牠們有情感、有情緒。
跟你會遇到形形色色的人一樣。
如果你真心跟牠們相處，細細感受，
就會知道，你之所以和牠相遇都是緣分，
跟你會遇到你的男朋友、女朋友一樣。

Chapter 3
美好相遇
我和我的守護天使

最美好的相遇

單身這幾年，不只一次聽到有人對我說：「妳不要因為身邊有兩隻狗，就一直單身一個人，去找個真正的伴吧！妳想演老人與狗嗎？」

還有人好奇問我：「難道妳有狗狗就滿足了嗎？」

好心的人叮囑我：「不要那麼關注狗狗，花點時間找個男朋友吧！妳就是因為有這兩隻狗，所以覺得不需要另一半了。」

更有人直接建議：「以後不要再養狗了啦！狗又不懂人話，無法分擔妳的煩惱，去找個男人啦！」

不久之前，有位女明星過世了，單身一人。有人在採訪她的報導中寫到：

「很多單身女性喜歡養隻狗、養隻貓，把阿貓、阿狗當成精神慰藉，然後自己一個人生活……如果有個伴不就好了，也不會這樣一個人孤獨死去。」

這個論點讓我的白眼翻了不下五百次，覺得阿狗阿貓好衰噢！關牠們什麼事呢？

從小，家中就養狗，小時候只負責玩，大多是媽媽在照顧。長大之後，才愈來愈深刻感受到人與寵物之間的情感，因而暗暗決定：就算我有了伴，就算結婚生子，就算我老了（直到自己有心但無力照顧牠們之前），我，都，會，養，狗！

還有，我想請問：有沒有養寵物跟有沒有伴侶，以及孤獨死又有什麼關係啦？

當然，動物作伴跟人作伴大不相同。很多人開玩笑說：「養狗、養貓多好，不會頂嘴、不會吵架，一心一意只愛你一個。」

話是沒錯啦！但不只如此，我更相信牠們是來陪我們一起修行的。寵物雖然不會說話，但是牠們有情感、有情緒。跟你會遇到形形色色的人一樣，每一隻寵物跟你相處，與你一起創造的回憶不同，帶給你的收穫自然也不一樣。如果你真心跟牠們相處，細細感受，就會知道，你之所以和牠相遇都是緣分，跟你會遇到你的男朋友、女朋友一樣。

很多養寵物的人，都經歷過寵物過世後的那種椎心之痛。因為太過悲傷，通常會信誓旦旦說：「我不要再養寵物了！」

這種感覺，我懂。因為失去心愛的寶貝，那個難以平復的傷痛，我自己有過深刻體驗。失去 fifi 的時候，覺得老天太不公平，為什麼這樣捉弄我，明明我每天都祈禱說：「我只要有牠就夠了。」老天卻依然把牠帶走。

足足有三個月的時間，我一想到fifi就哭，根本沒辦法出門工作。那時候我也跟自己說，絕不再養狗了。直到有一天，我妹傳給我一則無名小站的貼文，裡面是幾隻剛出生的狗狗，想找主人。我看到其中一隻好像fifi，當下就決定跟狗主人聯絡。

當時，那隻狗狗已經被人預定了，我因為喪犬之痛尚未平復，想要領養的意願也沒有那麼強烈。就這樣過了兩個禮拜之後，有一天，狗主人打電話給我，問我想不想南下嘉義看狗。

原來，最初說要養的那個女生，第一個禮拜說自己要去旅行，不能南下接狗；第二個禮拜要去接狗之前，又在電話裡問到，接回狗狗之後，想跟男友去旅行三天，她問：「這三天狗狗是不是可以單獨待在家裡？」聽到這裡，狗主人生氣了，決定不把狗交給她，所以打電話問我。

為了去看狗，生平第一次搭乘高鐵，來到嘉義高鐵站。狗主人依約拎著兩個箱子，在高鐵站前的約定地點跟我碰面。他打開箱子讓我看狗，原本中意的那隻很像 fifi 的小狗，只顧啃著紙箱，完全沒有看我一眼。

另一個箱子裡，裝著被主人順便帶出來當電燈泡的無尾熊（因為很皮，很愛爬柵欄而得名）。牠端坐在小小的箱子裡，直直地望著我，目不轉睛（旁邊還有別人，但牠只注視著我）。當下，我哭了。因為那個眼神就像 fifi 平常在家時一樣，總是含情脈脈凝視著我。

於是，我把無尾熊帶回家，就是後來的「福仔瓜」（小名福福）。

福仔瓜當然不是 fifi，但是因為有了牠，解救當時情緒低落的我。牠跟 fifi 完全不一樣，fifi 比較像是我的守護天使，福仔瓜則是小皮蛋，需要我的照顧。

為了照顧牠，我慢慢恢復正常生活，失去 fifi 的痛苦，也慢慢被療癒。我覺得福仔瓜不是來取代 fifi 的，失去 fifi 的痛，我不會忘記；但是福仔瓜的到來，幫忙平復了那個痛。

多年前，我妹妹的愛犬 momo 因為腫瘤離開，狗生的最後一年，妹妹花了很多錢、很多心力，盡量讓 momo 舒服過完最後餘生。momo 走了之後，妹妹說她一輩子都不養狗了。

我妹是個性超硬的金牛座，我相信她很認真下了這個決定。中間好幾次，看到適合的狗狗，問她有沒有興趣？她都堅決搖頭。我想，老妹大概真的不會再養狗了吧！

沒想到隔了幾年，有一天，她傳了台北流浪動物之家的網址連結給我，問我網上那隻小小白狗可愛嗎？我很訝異她居然在看狗，是緣分到了嗎？

妹妹後來親自跑去流浪動物之家看小白狗，卻帶回一隻被標記「會咬人」的老狗。是的，我妹妹又養狗了！一隻不知在外流浪多久，進了流浪動物之家老犬區之後，待了三個月都乏人問津的問題犬，被妹妹領養回家，取名「熊熊」。

現在妹妹疼牠疼得半死，會咬人的老狗一夕變身幸福的熊熊，比童話灰姑娘的故事還要勵志。

這就是緣分啊！緣分到了就會遇見。

心情便利貼

我單身，不是因為我養狗。

我養狗，不是因為我單身。

未來如果我有對象，

他勢必要喜歡狗、喜歡動物。

所以，我還是會養狗。

緣來，就是李先蔘

遇到我家李先蔘（小名滿滿）也是個奇妙的緣分。

那段時間，我的生活周遭發生很多事情，我覺得自己走到人生的谷底。那時，我剛從老家搬出來自己獨居，跟我一起搬出來的福仔瓜，到了新家之後，只要我不在，就會一直叫，整整叫一個小時都不會停歇。

我怕吵到鄰居，更怕福仔瓜叫出毛病來，只好帶牠去獸醫院檢查。醫師檢查後，說牠的身體沒有什麼問題，之所以狂吠是因為害怕。

以前住在家裡的時候，媽媽（福仔瓜的阿嬤）都會在家陪牠。突然轉換新的環境，只有牠一隻待在陌生的房子裡，牠當然焦慮、害怕。醫師說，為了釋放壓力，所以才會叫個不停。

聽了醫師的分析，我很心疼，但我不可能不出門工作呀！

好巧不巧，沒過多久接到好友打給我的電話，問我有沒有興趣再養一隻狗？好友姊姊家的毛孩意外懷孕了，發現時已經接近生產，超音波顯示狗媽媽肚子裡有三隻小狗。朋友說他的姊姊不打算賣掉小狗，只想讓母狗生下後，送給可以信賴的人。

為了這個問題，我思考很久，因為不確定當時還在谷底的自己，有沒有能力再照顧一隻狗。

小狗出生後不久，我帶著福仔瓜去探視。去程的路上，我低聲問福仔瓜：「福福，你願不願意接受家裡多一隻小狗？一隻狗弟弟或狗妹妹陪你。」

福福當然沒有回答。但是牠在朋友的姊姊家，跟小狗們處得還不錯。看牠頗能接受，我就順勢領養了。

坦白說，在狗狗正式送來我家之前，我一直不知道他們會送哪一隻狗給我。就在那年的過年前，李先蔘來到家裡。我仔細一看，原來就是那天我去探望時，唯一拿著奶瓶餵牠喝奶奶的小狗。

李先蔘是隻超級皮的小狗，來了之後，每天都在家裡搞破壞。可能因為這樣，我不在家時，福仔瓜多了一個活力無窮的同伴，反而不再焦慮地吠叫了。

我因為要多照顧小貝比李先蔘，生活裡也多了一些動力和勇氣，慢慢的，日子因為有了牠，多出許多愉快片段，陪伴我不知不覺走過那段難熬的低潮時光，生命中也從此又多一份純真之愛。

一直很慶幸，也很感激，身邊都有狗的陪伴。比起我花時間照顧牠們，狗狗為我帶來的快樂和回饋，多出太多太多。我始終覺得是牠們在照顧我、教導我。

心情便利貼

不要再把大齡單身女子跟養狗、

養寵物畫上等號了（翻白眼）。

我只是跟我的Mr.right緣分未到而已，

我相信就跟我遇到李先蔘一樣，

總有一天，緣來，就是他！

能遇到寵物的人多麼幸運啊！因為不是每個人都能遇見這種緣分。就跟我們在生活裡會遇到不同的人一樣，我們應該好好珍惜每一段遇見的緣分。

人是這樣，寵物也是。

和小恐龍、外星人共枕眠

我知道對於跟毛小孩一起睡覺這件事，很多人並不認同。有的人基於衛生考量，有的人則從訓練角度出發，認為這麼做會打亂毛小孩的地位階級意識。

在這件事上，我和我的狗狗非常幸運，因為從小我們都睡在一起。

狗狗跟人一樣，每一隻都有自己的個性和睡眠習慣。像福仔瓜是很有主見的狗，從小就不太會等我一起入睡，小時候的牠是那種玩累了，馬上就會倒下打呼的狗。後來年紀比較大了，更需要睡眠，總是說睡就睡。

我熬夜的時候，牠都冷眼看著我，當牠真的睏了，撐不住的時候，就會自己去睡覺。可是當我躺在床上時，牠會用胖胖的小手掌抓抓我，表達想進被窩的意思。只要看我掀起棉被的一角，牠就會走進去貼在我的身邊入睡。

寒冷的冬天，福仔瓜是天然的超大暖暖包。有時候牠移動到腳邊，我最喜歡把冰冷的腳，往牠的肚子蹭，腳馬上就暖了（福仔瓜不會拒絕，因為熟睡中的牠根本感覺不到）。

我也很喜歡讓牠躺在身上。牠的小肚皮貼著我的肚子（要皮膚貼皮膚噢），這是最好的經痛舒緩熱熱包。唯一可惜的是，這個十公斤重的舒緩包不能放太久，因為實在太重了。

福仔瓜很愛打呼。在牠身邊就像參觀侏羅紀公園一樣，每天聽到的打呼聲都不太一樣。有時候是白色吃草的劍龍或三角龍，有時候是狂飛的白色翼龍，偶爾會遇到暴龍。不管哪一種恐龍，我都聽習慣了，不太會影響睡眠。

但是當我失眠的時候，就覺得這些恐龍很吵，我會想辦法叫醒牠。不過福仔瓜自有應對之道，當牠使出三秒入睡法，我只好摸摸鼻子，自己調適了。想要牠陪你睡，優點、缺點當然都要全盤接受呀！

從小就是愛吃醋媽寶的李先蔘，睡覺時幾乎不打呼，除非非常累的時候，才會發出迅猛龍的打呼聲。牠睡覺時有個怪癖，一定要睡在我跟福仔瓜中間，有時候還會想辦法擠開姊姊。

為了公平起見，我們只好移來移去，慢慢的，李先蔘發明一個特殊睡法。每當關燈之後，牠會走到我的兩腿中間，突然向後倒、翻身，卡在我的雙腿間，用我的腿當枕頭，平躺成一個人的姿勢。有時候，也會採側睡姿勢，側身入眠。

我常把手放在牠的頭上輕輕撫摸，這下牠入睡得更快了。有時也會用腳夾夾牠，讓牠卡在棉被裡，免得感冒。經常想用手機拍下牠可愛的睡相，可惜屋內太黑，一開燈又會吵醒牠。於是，李先蔘獨一無二的可愛睡姿，成為媽媽的獨享。

看著牠奇妙又有趣的睡姿，我的想像力大迸發，覺得李先蔘一定是外星球來的外星人，到了夜晚關燈之後，終於忍不住露出真實模樣。雖然偶爾會因為牠卡在身邊，造成我無法自由翻身，但因為實在太可愛了，怎麼樣都捨不得打擾牠，只好委屈自己。

李先蔘自認為是這個家的總管兼保鑣和警衛。經常聽到一點聲響，不管睡得再熟，也不管在任何地方，都會立刻彈跳起來鬼吼鬼叫。身為媽媽的我常因此被嚇到，也常常被激動的牠當成腳踏墊一樣任意踩踏（多麼認真又盡忠職守的狗啊）。

對於這一點，我曾經生氣過。畢竟被牠四隻腳踩過、飛過的臉上，真的很痛，也很怕不小心踩到眼睛會瞎掉。而且，李先蔘根本都在亂警戒，有時候是我半夜咳嗽，牠也要飛出去對著某處吼叫一下才安心（媽媽翻白眼）。

又或者有時候牠對著某處狂吠，看過去根本沒有東西……搞得我很害怕，一邊抱緊福仔瓜，一邊叫李先蔘趕快過來。

好在後來釋懷了，就是因為李先蔘緊張兮兮，好像身邊請了二十四小時的保全，雖然有點烏龍，但牠一直很認真地保護著我跟姊姊。正因為李先蔘半夜要「值班」，所以睡眠很淺，還好牠一直都有很好的體力和精力。看到這麼認真執勤的小跟班，怎麼捨得生牠的氣呢？

很多養狗的人說：「我們家的狗狗就是喜歡跟我一起睡。」對我來說正好相反，是我喜歡跟狗睡在一起。每一次抱著牠們，貼著牠們暖暖的身體一起進入夢鄉，都特別有安全感，也格外安心。已經習慣身邊有陪睡小犬一起入眠，有時候狗狗不在，反而若有所失，因為不安而睡不好呢！

每一個晚上，無論這一天過得是好還是壞，看著牠們無邪的睡相，就可以讓心平靜下來，臉上不自覺浮起微笑。

心情便利貼

每次看著狗狗安穩的睡姿，
都讓我覺得心裡很滿足。
其實我要的不多，只要這樣就好：
一起健健康康、安安穩穩過日子，
真的就滿足了呀！
這樣，其實就是幸福啊！

我常常一邊看著牠們睡覺，一邊撫摸牠們，幫牠們馬殺雞，喃喃自語對牠們說：「媽媽從你只有這麼一點點（比一個很小的手勢），把你養到現在這麼大（再比一個大的手勢），媽媽會更努力工作賺錢給你們，讓你們吃好、睡好。」

想要為牠們而努力的心，不知不覺給了我更多打拚的勇氣與決心呢！（握拳）

無可救藥的戀掌癖

身為一個資深狗奴，我覺得有必要慎重介紹一下狗狗的手掌。它是一個非常獨特的存在，對許多狗主人來說，甚至有著重要意義。

就像欣賞女人的美腿一樣，狗狗的手手跟牠們可愛的臉蛋一樣，對愛狗者來說，具有莫名的吸引力。每一種狗的手掌，隨著品種不同以及體型大小，特色都不一樣。有些胖胖的像熊掌，有些細細的像兔腳，也有圓圓的似貓掌，有些狗的腳呈現大外八，像一片鴨蹼，不管長的、短的、外八的、像蒜頭的，我都好喜歡，覺得各有特色。

我自己偏愛短胖帶點醜的腳掌，一看就覺得惹人憐愛。當然，心目中最美的手手和腳腳，還是自家小犬的手掌。狗的手會洩露天機，每隻可愛的手掌都寫著狗狗的個性。像我每次看到福仔瓜帶點三七步的站姿，就可以感受到牠那股自然天成的囂張氣場，也就是我們常說的好跩，於是乾脆叫牠跩不拉嘰福仔瓜。

福仔瓜從小自帶跩感，跑起步來有點外飛的跩腳，加上面無表情的厭世臉，一副淡定模樣，我一直都想向牠看齊。每次碰到事情慌張起來，就趕快提醒自己，一定要學福仔瓜什麼都無所謂的態度。

至於號稱法鬥界彭魚豔的李先蔘，長得一身精壯結實的肌肉，手腳卻細細長長，像兔腳般纖細。明明看起來很 man，內心其實很脆弱（李先蔘是標準媽寶），極為怕痛，也就是台語說的「金秀皮」。這麼大的落差湊在一起，使李先蔘成為我心目中的標準 GQ 男子——外表十足男人味，又有顆極為柔軟的內心。

養過狗的人都知道，狗狗不喜歡別人隨意摸牠們的手和腳，除非牠很放鬆或很相信你，否則不要輕易觸碰狗的腳掌。偏偏我特別喜歡摸牠們的手手和腳腳。

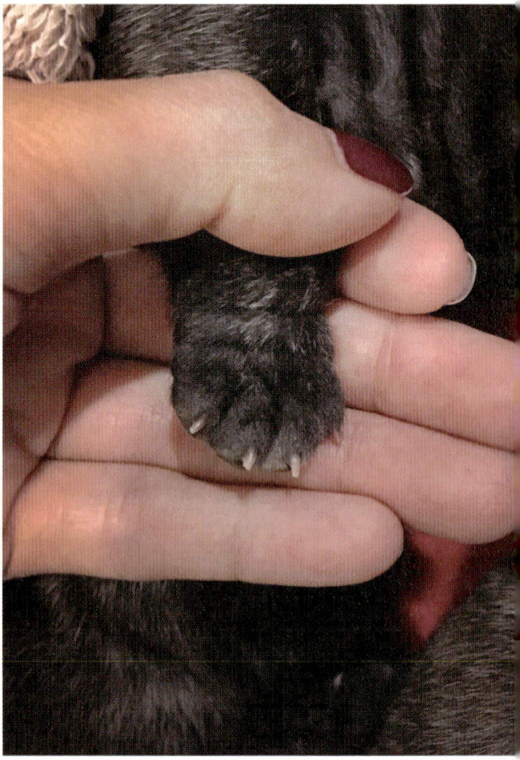

我覺得那種感覺就跟你摸男友或女友的手，或是牽著自己的孩子，和喜歡的人手牽手一樣，是一種親密的連結。我尤其喜歡邊看電視，邊摸摸揉揉牠們的小手和小腳，藉此幫牠們按摩，刺激循環。經常在看劇時，看到男女主角手牽手，我也會跟家裡兩個毛孩五指緊扣（通常只能五指，因為十指的話，牠們會掙脫跑掉）。

睡覺時我也常來這招，五指緊扣，又或者只是握著牠們的手，看著牠們入睡，感受那種親密的特別連結，我知道牠們在我的身邊，而我也在牠們身邊。號稱 drama queen 的我，有時握著握著還會落下淚來，生怕有一天握不到了……因此，每天都要盡力握好、握滿。

這裡要特別補充一點，不只我去摸狗狗的手手，狗狗也會用手來跟我互動。例如睡覺時想要進被窩，就用手抓一抓我，告訴我牠要進棉被。想吃東西的時候，用手碰碰我，意思是：哎，分我一點吧！

我看手機、電視看得入迷，牠們會用手輕輕點我，提醒我轉頭看看牠、陪陪牠。最窩心的是，當我哭泣的時候，狗狗把手搭在我的腳上，彷彿安慰我不要難過……

所以，手手就是一種很棒的交流工具，以及情感連結器，甚至不需要透過言語，輕輕一觸就可以傳達心意。

毛茸茸的狗掌還有一個奧妙之處，就是它會散發氣味，很多狗主人都公認這是最好聞的味道——肉球味。如同高級芳香療法，狗狗肉墊上的這股神祕味道，有助舒緩精神壓力，達到身心靈愉快的目的。

有趣的是，每一隻狗的肉球味都不太一樣（都是限量版），每次聞還會有小小差異，不知為什麼聞起來就是莫名的紓壓。很多人因此一聞上癮，欲罷不能。

我家福仔瓜因為是過敏兒，所以手掌很會出汗、出油，加上牠特別愛啃自己的肉墊，牠的肉球味算是特別訂製款，就算我常用生理食鹽水幫牠擦腳，再抹上腳掌霜（paw cream），牠依然能保有特殊而獨有的福仔瓜肉球味：前段是青草香（藥膏的味道）、中段是青草加上辛香料的味道（混合了自己手掌的油味吧），到後段就是偏重的辛香料味（手掌汗味加油味，再加上口水味）。

我每次聞了都會嚷嚷：「吼喲，好臭好臭噢！」卻時不時就想聞一下。只能說這種特殊味道真的會讓人上癮。

李先蔘的肉球味比較單純，通常只有正反兩種味道。正面的肉墊香偏清香木質調，是一種淡淡的香味，聞起來很舒服，彷彿是五〇年代流行的髮油香味（是高級髮油那種）。反面的味道則是有時候牠尿得比較大泡，後腳不小心踩到，那天的肉球味就算是瑕疵品了，必須洗掉重練。

或許因為李先蔘是男生的緣故吧，所以「調製」出來的肉球香，比較低調、穩重、不浮誇。跟福仔瓜偏歡樂、活潑的基調，完全不一樣。

我知道不少人聽到嗅聞狗狗手掌這件事，都覺得很髒、很噁心，但就像鏟屎官愛吸貓，很多新手爸媽也喜歡捧著剛出生的小貝比，抓起他們的小手、小腳親個不停，那是一種愛到極至的表現。沒辦法（聳肩攤手），誰叫我們狗奴就是對狗掌肉球很癡迷呀！

心情便利貼

對愛狗人士來說，

狗狗的四肢不只用來走路、跑步、

跳上跳下、挖東挖西、抓泥巴、刨骨頭而已。

我覺得牠們的手掌和肉球很深奧，

是值得細細品味的極品呢！

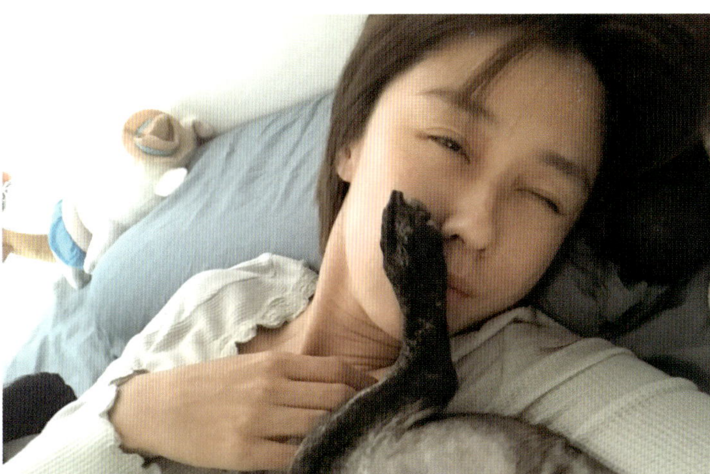

我的心靈暖暖包

之前有個年輕朋友問我：「妳是不是不婚主義？還是妳喜歡女生？」

「怎麼說呢？」我覺得很奇怪，完全不懂他從何得來這個結論。

年輕朋友說：「因為看妳都沒有男朋友，又常跟狗膩在一起，動不動就聊到妳的狗……」

「……」我一時語塞，完全答不出話來。

有一次，從動物醫院帶著福仔瓜叫了車要回家，坐上車五分鐘後，司機先生說話了：「小姐，妳還沒結婚吼？」

「怎麼說呢？」很好奇他從何得來線索。

「因為如果妳結婚了，就沒有那麼多時間可以養狗，還帶狗去看醫生……」

「……」我無言。

雖然只是兩位剛好遇到的人提出來的想法，但是，很想告訴所有人，喜歡跟狗狗混在一起，不代表就是不婚主義或喜歡女生，又或是他（她）沒有結婚，我真不理解這些推論從何而來。

我喜歡動物，特別愛狗，如果交男朋友，也希望對方喜歡動物，喜歡和狗相處，將來如果結婚，當然還是會繼續養狗，即使生了孩子也一樣，還是會有狗狗的陪伴。醫學界已經證明，從小跟狗相處的孩子，有助增加抵抗力，身心方面也比較開放和正面。

對我而言，狗狗是我最親密的家人、最忠實的朋友、最乖的小孩，也是我的正能量。

有一陣子，虐殺貓咪橘子的新聞一直在新聞媒體上報導，引起廣泛討論，紛紛呼籲有關單位加強對於動物保護法的立法和執行。說實話，我不太敢看那些新聞照片，因為我無法理解什麼樣的人能對小貓咪下狠手，更無法想像那些殘忍的過程。

動物雖然單純，但牠們有思想，也有情感和情緒。看著牠們，會有種滿足及自然的愉悅湧上心頭，除了可愛，還有牠們「簡單」的生活觀，很值得人類學習。

這些年很多人對我說：「妳怎麼對狗狗那麼好？這麼疼愛牠們……」其實他們不知道，狗狗回饋給我的東西才多呢！那些珍貴的回饋是金錢買不到的，是一種心靈上的滋潤。

有時人在外頭，突然發現人行步道旁的樹上，有松鼠跑來跑去，甚至舉著毛尾巴在看你。心裡就會發出「哇」的一聲驚嘆，覺得自己好幸運喔！今天是幸運的一天。

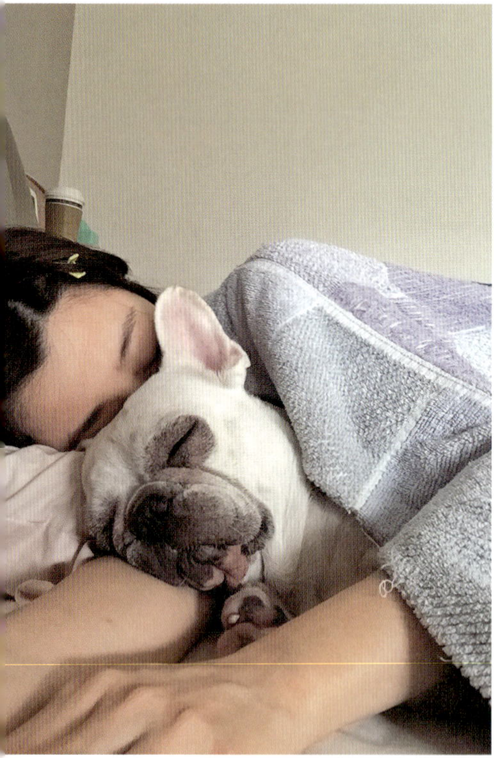 

有時，一早出門坐在計程車上，看向窗外，發現路邊有一隻跟著主人散步的狗兒，昂首闊步走著，抬著頭、挺著胸，嘴巴彷彿還在哈哈笑著。很自然地，我也會跟著微笑起來，覺得自己今天也要努力，內心馬上充滿正面能量。

當然，如果看到的是下大雨，在路上淋得溼答答的浪浪，心情就會低落下來。所以，更想努力宣導寵物是家人的觀念，對於家人當然要不離不棄，同時最好以領養代替購買。內心也默默祈禱，外頭的浪浪愈來愈少。

在生活上，我的福仔瓜是我的家人。牠平常很少來煩我，比較常是我去煩牠，但是牠很黏我，我走到哪兒，牠就跟到哪兒。我難過的時候，牠會跑到身邊陪我，甚至用小手抓抓我，像叫我不要哭一樣。

我很喜歡福仔瓜淡定的個性，是我想向牠學習的目標；看牠吃東西就覺得食物好好吃，看著看著，不自覺就會微笑。抱著牠就覺得溫暖安

心情便利貼

寵物就是那麼單純、善良而忠心，

真心希望不喜歡動物

或是沒那麼喜歡的朋友，

打開你們的心門，

讓牠們為你帶來更多 happiness 吧！

心（不是外在溫度，而是從心裡面暖起來）。

跟狗狗在一起，平淡卻很滿足。牠們不只是寒冷時的加溫電毯，也是我心靈的大型暖暖包。

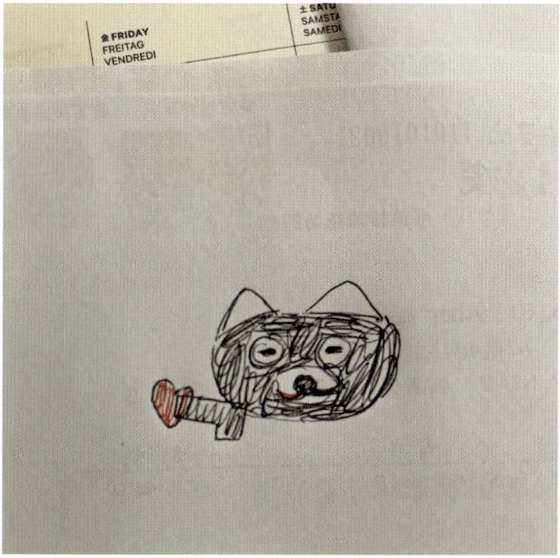
金 FRIDAY
FREITAG
VENDREDI
土 SATU
SAMSTA
SAMEDI

女兒教會我的事

有一天，因為要上電視談單身主題，節目企劃打給我Re稿的時候，我接起手機：「可以等我十分鐘嗎？」我很抱歉地對他說：「我在幼稚園接我兒子，到家後馬上打給你喔！」

過了一會兒，接到經紀人打來的電話，他在電話那頭說：「剛剛節目企劃很緊張地打給我，問我：維維姐真的單身一個人嗎？可是她說她在幼稚園接兒子耶！不是單身的人真的不能參加這次單元喔！」

今年過年，去朋友家打麻將，中場休息時，相熟的朋友隨口問到：「妳兒子今天在家嗎？」

我說，對呀，他自己在家。

朋友再問：「他沒去幼稚園嗎？不會無聊喔！」

我開玩笑回道：「媽媽在外打牌，所以他自己在家玩電腦啊！」聽到這裡，一位長輩忍不住插話了：「妳兒子幾歲呀？」

我說七歲。她非常驚訝：「蛤！妳讓一個七歲小孩，半夜十二點一個人在家玩電腦？」

我笑著解釋：「我兒子是隻虎斑法鬥啦！」在場大家都笑翻了。

這類笑話經常出現在我生活周遭。我單身，既沒有結婚，也沒有生兒育女，對我來說，我的毛小孩就是我的孩子，因此周遭朋友都知道我有一雙兒女。寫這篇文章的時候，女兒福仔瓜已經不在了，在我心中，牠永遠都是可愛的小女兒（之前還有大姐 fifi 跟大哥 bubu）。至於現在，我的身邊只剩下寶貝兒子——李先蔘弟弟。

不止一次，聽見別人對我驚呼：

「哎呀，妳對狗比對人還好啊！」

「妳對妳的狗狗好孝順啊！比對妳爸媽還好耶！」

「妳很誇張，牠只是一條狗耶，妳讓牠去上幼稚園！」

因為太常聽到類似的驚嘆句，我已經習慣了，對於這樣的人，不想跟他爭論什麼。我知道對很多人來說，狗只是動物，還有人把貓狗視為畜生。無論你把牠視為什麼，請別忘了，牠都是一個生命，不喜歡沒關係，請千萬不要欺負牠、虐待牠。

對我來說，狗從來就不只是狗。此外，我也不想辯解自己如何孝順老媽、老爸；就像很多人常問我，怎麼不交男友？怎麼還不結婚、不生子一樣，請問，到底關你們什麼事？你覺得狗不過就是狗，你的認知我尊重；所以，請你也尊重我的認知和我的決定。

新冠疫情期間，寵物生意一枝獨秀，大環境的動盪，讓人們覺得照顧自己都很辛苦了，遑論結婚生子。近年來，晚婚的人愈來愈多，有些人則乾脆選擇不婚、也不生，於是扮演陪伴角色的寵物變成了小孩，生活裡因為有寵物陪伴而獲得療癒的人愈來愈多，我們的動物保護法令開始有了一些進步，坊間的寵物服飾、寵物美容、寵物幼稚園、安親班、旅館，乃至寵物友善餐廳紛紛崛起。

因此，不要再說毛小孩只是一隻狗或一隻貓，牠們帶給我們的回饋實在太多了。每當我看著我的狗狗，就像看著自己的小孩一樣，牠那麼可愛，忠心地看著你，對你撒嬌……看著牠們，就覺得自己得到很多正面力量。想要更努力工作，想要好好活著，因為想要給牠們更好的生活。我相信這種心情，絕大部分的爸爸、媽媽都能了解。

雖然我的兒子是狗，但我每天都會定時準備食物餵養牠；牠生病不舒服的時候，我一樣擔心到夜不能眠，甚至因為牠不會說話、不擅表達而更加焦慮。

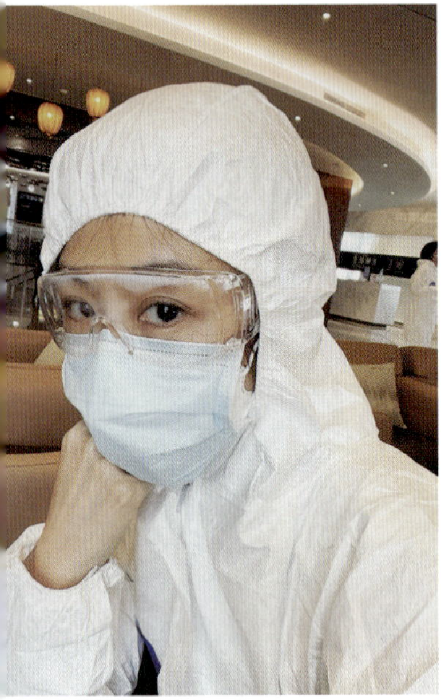

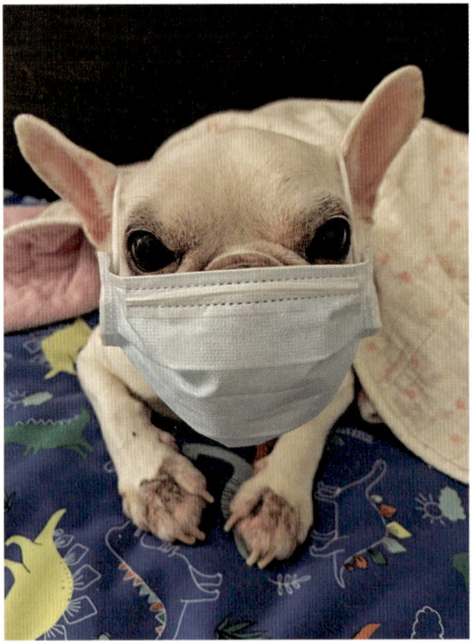

雖然牠不是人，我一樣教導牠，在同儕團體中應該要懂的禮貌：像是定點大小便；遇到其他狗、貓、人都要有家教，不能動不動就撲上去，也不能咬人、不能兇；在家不可以亂咬東西；出外不能亂吃等等。動物不但有感覺，更有智慧，牠們各有個性，有的很會看臉色，有的超級白目……

身為一個寵物家長，的確要背負很多責任，要用心照料你的毛小孩，像照顧自己的孩子一樣。況且，狗和貓咪的生命比人類短得多，當然更要加倍疼愛牠們呀！

疫情時，很多人因為被迫關在家，而去領養或購買寵物陪伴。等到疫情過後，很多毛小孩卻慘遭拋棄，這點對牠們來說真的太不公平了。比起跟人相處，與動物相處簡單多了。牠們可能會惹你生氣，但不會害你；牠們也許沒辦法幫你做什麼，但永遠不會嫌棄你。寵物就是那麼單純的存在。

因為太愛我的狗兒子、狗女兒，所以很怕失去牠們。我知道死亡是必經的路，正常情況下大部分寵物的生命都比我們短暫，但對我來說，這是一門永遠學不會的功課。

失去福仔瓜之後，有一段時間我覺得很恐慌，因為離去造成的痛太深了，還曾想過把李先蔘送人好了，這樣就不用再擔心牠生病，憂慮著有一天牠會離我而去。還好這些荒誕的念頭，只是想想而已，我怎麼捨得呢！再說，我又怎麼能因為害怕失去，就先放棄牠呢？

後來想通了，福仔瓜給了我十五年半的美好時光。雖然中間好幾次因為牠生病，把我嚇得半死；到了牠的晚年，又經歷了小失智，害我幾乎每晚都沒有辦法睡好覺。但是，這珍貴的十五年半，真是難以忘懷的美好回憶，福仔瓜一直都會在我心裡。

現在的我，努力學習釋懷、珍惜當下的相處，不多想、也不亂想。這些，都是女兒用生命教會我的人生課題。

心情便利貼

現在，人們可以自由選擇自己的性別、
自由的言論、自由的談戀愛、結婚、生子，
所以，選擇把狗狗、貓貓當小孩，
當然沒什麼不可以。
只要你開心就好，我都覺得很棒！

只要不再執著生命中一定要有愛情，

就不會再有「沒有伴等於孤單」的想法。

也許依然沒有另一半，

但也沒有了莫名的恐懼及痛苦。

如果有了另一半卻沒有讓自己變得開心、變得更好，

現在的我情願一個人。

Chapter 4

甜美生活

享受吧！我的單身獨舞

一個人的恐慌症

寫給三十++的你

從我的粉絲私訊中發現、不管男女都患有害怕一個人的年齡恐慌症。他們說，到了某個年紀之後，面對感情、面對自己，好像多了很多顧慮、很多徬徨，總覺得心裡慌慌的。

雖然很多人說年齡只是數字，但我們就是生活在這個數字魔咒當中，我也不例外。從進入三十+，到三十++，乃至於四十後的那幾年間，我才慢慢感覺到自己成長了一點（不好意思，成長來得有點晚）。

星座專家說，愛情是雙魚座的重心。身為雙魚的我，撇開小時候青澀的戀愛不說，過了三十之後，很長一段時間，我在感情上的確是害怕失去的那一個。

花好月圓

我的父母很開明，他們認為現在是什麼時代了，比起找個好老公，女生更重要的是獨立，擁有工作能力，可以經濟自主。所以，我並沒有被催婚的壓力。

但是，周圍朋友一個一個結婚去了，好像大家紛紛向前走，步入人生另外一個階段，只有自己還在原地踏步，難免感覺有點寂寞。加上很多人一直在耳邊催眠：女人愈老愈沒人要！於是，心裡慢慢恐慌起來。並不是想要快點結婚，而是怕再也遇不到對的那個人。

當「一個人的恐慌症」產生後，生活中就算遇到不是 Mr. right 的對象，卻不敢也不捨得放手，自信心因此打起對折，全心全意「經營」感情，甚至努力為對方付出而忘了自己。怕失去的那一方通常沒什麼理智，總是盡全力扮演配合的一方，只要對方開心就好。慢慢地，自己變得非常卑微。

我相信，這世上一定會有懂得珍惜的男人，然後二人相親相愛。但不幸的是，狀況多半事與願違。原因很簡單，連自己都不珍惜的人，別人真的不會珍惜你（我有親身經驗）。

在另一半面前卑微，並不會讓他留下（我也有親身經驗），而且自己的內心還會感到愈來愈累（極大可能對方也覺得很累）。這種情況如果一再發生，更加打擊自信，一旦自信消失，當然更加慌張，也更害怕了啊！

在這種狀態下，維持好一陣子（唯一的好處是那個階段的我好瘦，因為常常傷心、常常煩惱，吃不下、睡不好，每天過得像幽魂，結果就瘦了）。一直到工作忙碌起來，自己又變回單身（對方還是離開了），在姐妹們的鼓勵、安慰、叨唸下，決定不再那樣自苦了，才開始學習過一個人的生活，情感上不再依賴某個人。

一開始，當然還是常跟好友哭訴，說自己一個人很寂寞，覺得自己很可憐，擔心會不會就此孤老一生……內心出現許多小劇場。

慢慢的，重心回到自己身上。除了忙碌的工作外，因為好友幾乎都已變成人妻、媽媽，碰面時間有限。於是，我開始替自己安排一個人的行程——自己去 SPA、一個人去喝咖啡、獨自運動、逛街、看書、買 DVD、吃美食等等。

然後，我發現，重要的是心境。只要不再執著生命中一定要有愛情和感情，就不會再有「沒有伴等於孤單」的想法。這時候才開始懂得去看自己、照顧自己，問問自己究竟想要什麼。

當情緒開始變得可以掌控，自己的狀態就會愈來愈好，自信也回來了。也許依然沒有另一半，但是也沒有了莫名的恐懼及痛苦。如果有了另一半，卻沒有讓自己變得開心、變得更好，現在的我情願一個人。

我當然還是期待那個對的人出現，卻不再那麼急切了。現在的我，會煩惱工作、煩惱生活，但不會再為了害怕一個人和寂寞而心慌了。雖然體會得很慢，目前也還在學習摸索當中，但真的很喜歡現在的自己、

這樣的狀態。

我不是兩性專家，寫下這些心情轉折，單純只想分享自己的經驗，希望可以鼓勵正在煩惱或徬徨的你們，面臨類似問題時，請多給自己一點勇氣，多增加一點自信。

請記住，有個好伴侶很好。但如果只有自己一個人，也不用害怕。

心情便利貼

除非你的內心很堅強或勇敢追求做自己，

否則或多或少都會受到年齡魔咒的影響。

但請記住，

女人愈老愈不值錢這種觀念已經太老派了！

在現代社會，工作能力比情人更重要，

它是堅實的自我肯定，

work hard 才能 play hard

男人的工作事業很重要，

這句話對女人也適用喔！

享受當下的幸福，這是我的 me time

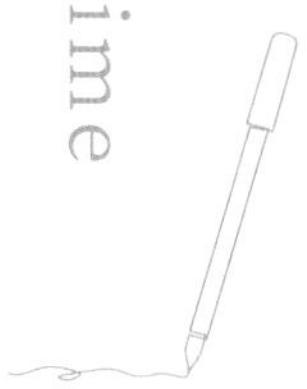

愛自己、對自己好、學會跟自己相處、自己的專屬時光 me time……

這一類自我療癒話題，愈來愈受到重視。概念說起來簡單，做起來卻不像字面上那麼容易直白。像是「愛自己」，什麼是愛自己？怎麼樣才叫愛自己？你愛自己嗎？常聽人說，愛自己就是對自己好、照顧好自己、買禮物慰勞自己、充實自己的內在……諸如此類，方法很多，但你有沒有真的愛自己，每個人的感受其實都不一樣啊！

有人覺得幫自己買一個包包，就叫愛自己，有人卻嗤之以鼻；有人認為幫自己放個假，好好放鬆一下，是愛自己的表現，有人卻覺得出國好累。

愛這個東西一向見仁見智，沒有標準答案。你到底愛不愛自己，自己應該知道。如果不知道，那就是你要學的課題了。因為連自己都不愛，別人為什麼要愛你呢？如果你連照顧好自己的心思都沒有，又怎麼會用心面對其他的人事物呢？

這幾年常聽人吶喊：「我需要 me time！」尤其忙碌的職業婦女，身兼數職的太太、媽媽們，她們夾在職場、先生、孩子和家庭中，忙碌不堪。臉書、IG 一類的社交媒體上，更不乏有關 me time 的討論貼文，教導女性要愛自己，懂得享受屬於自我的心靈時光。

以上說到的 me time，大多是指擁有跟自己相處的時間，也就是俗稱的獨處時光。文章中提醒太太和媽媽們，除了照顧家庭、老公、小孩之外，不要忘記自己是個女人，無論如何都要找出時間享受獨處時光，泡泡澡啦、擦擦乳液、喝杯小酒啊什麼的。或是跟老公告個假，與姐妹們出去吃飯、喝下茶、逛逛街。所謂 me time，就是一小段需要特別排開的時程，讓身邊煩擾的人事物暫時消失。

decide for yourself
make that decisio

但是對我而言，me time 是一種隨時隨地都可以存在的狀態。你想想，如果 me time 是一個需要特別安排的儀式感行為，就代表它不是平常狀態，並非輕鬆可得。我心中的 me time 不必然要獨處，也不一定需要特別做些什麼，而是生活中每一個讓自己感到舒心愉悅的時刻，它是一種滿足的狀態，是自己的本來面貌。

比方一個媽媽忙碌地張羅老公、小孩吃早餐，趕上班上課，如果她感到煩躁、勞累，就會希望自己擁有一段老公、孩子都不在身邊的寧靜時光，讓她可以短暫逃離壓力。但如果她是開心、滿足地跟老公、小孩一起吃著早餐，完全樂在其中，那麼，我認為那個當下就是她的 me time。

換言之，我定義的 me time 是自己經歷的每一個時刻，端看你有沒有去體會和享受。很多人不在乎這些小小的美好片刻，卻大費周章去安排所謂的 me time，忘記了如果你一直處在不好或不滿足的狀態中，就算去到一個特別安排的高級 SPA 享受 me time，在做按摩的當下跟結束之後，你還是一樣狀態不好，你的 me time 其實是 bad time。

原來不是地點、不是做了什麼、享受什麼，me time 就是你——你的感受和你豐盈的心理狀態。只要你的心是滿足的、開心的，任何時候、任何地方，都可以成為你的 me time。

讓我們練習認真地感受每一個微小的片刻，學習感恩周遭的人事物、練習知足。很多人不懂得知足，因此永遠不會滿足，即便處在快樂狀況下，內心依然匱乏，因為他想要得到更多快樂。

知足如此重要，它幫助我們感恩當下的一切；不知足的人總在抱怨，永遠都在追求，想要更好、更多，隨時都處在不滿足的追求當中，其實是很辛苦的一種狀態！

平靜而滿足的心很難得，處於這種心態下，即使處於困境，也能心平氣和去面對，游刃有餘逐一解決困難。很多外表風光、事業成功、物質富裕、穿著名牌的人，也不見得能擁有這樣從容美好的心態呢！

心情便利貼

當我跟一群朋友出去聚餐，
大家嘰嘰喳喳、吃飯喝酒，
雖然不是獨處，但此時此刻，
身心感覺到舒服愉悅、平靜滿足，
對我而言，那就是我的 me time。
me time 如此簡單樸實，
讓我們練習時時刻刻都處在 me time 裡。

就算一個人也要好好吃飯

長大之後慢慢了解，為什麼古人說能吃就是福，為什麼不要把嘴巴旁的愛吃痣點掉，因為，吃，很！重！要！

不管發生什麼事，就算天塌下來了，我們還是要吃。進食是維持生命的手段，如果吃的是自己喜歡的食物，進食就從維生的必要手段，進階為人生樂事了。

年輕時失戀，心情糟到食慾全無，好幾天吃不下東西，失戀因此成為最好的減肥方法。長大後偶有情緒不佳、壓力大的時候，也會吃不下飯，其實在勞神傷心的同時，也傷害了身體。有些人習慣借酒消愁，更是傷上加傷。試想，心裡已經夠痛苦了，隔天還要為喝過頭付出傷身代價，這哪裡是消愁，根本愁更愁啊！

100

現在回想起來覺得不可思議，怎麼會吃不下呢？如今心情不好的時候，反而更想吃呢！藉由美食放鬆心情，提振萎頓的情緒，把食物送入口的同時，身心都得到療癒。「哇！好好吃噢！」當下心情馬上高昂起來。

也許，吃完之後心情又回到從前，壓力依然存在，但至少在當下——那個低潮的片刻，腦袋因為美食釋放了腦內啡、多巴胺之類的化學物質，臉上因此露出滿足的微笑。只要笑了，福氣跟著就來了。

就算一整天心情不好，一天裡至少有兩三餐的時間，可以因為吃而開心，不也很好嗎？為了心情不好就不吃，心情還是不會好呀！所以，乾脆就好好吃，吃自己喜歡吃的東西，吃飽吃爽之後，再繼續努力。

深刻體會吃的重要性之後，我學習好好吃飯，吃好吃的和自己喜歡吃的東西。正因為每天都要吃飯，何不把它變成樂趣，生活裡就多了一個每天都可以盼望的享受，平凡的日子因而鑲上一道金邊。

享受美食，並不在於價格昂貴或赫赫有名，因為飲食口味跟審美觀一樣見仁見智。對我來說，美食的定義是吃自己喜歡並且享受的食物。健康的食物當然很好，但偶爾放縱一下，吃點滿足口慾的罪惡美食也無傷大雅。

我遇過有些人，對吃很隨便，沒有特別喜歡吃什麼，也不覺得哪些食物特別好吃，當然這樣沒有不好，也沒有對錯，這就跟「過生活」和「過好生活」一樣，少了那麼一點追求的動力，就少了樂趣，也少了品嚐各種食物的有趣體驗。

人活著努力工作，不就為了追求不同的經驗跟感受嗎？「我今天想吃這個。」「晚餐想吃那個。」吃是生活中最容易達成的滿足，追求它並不困難，腦海中浮現「好想吃臭豆腐」的念頭，就起而行吧！去買、去吃，食物吞下肚的那一刻，滿足感油然而生，是不是最容易完成的快樂？

有些人嫌麻煩、覺得懶，請記住：這是你要吃下去的東西耶，好不好吃是你的感受，不要對自己的需求敷衍了事啊！它會延伸到你的生活和人生，請不要隨便，也不要怕麻煩，好嗎？

也有人會說：「現在我好忙，以後再享受吧！」

「以後再吃」這個想法跟「等我賺夠了錢，再如何如何」一樣，千萬不要這樣想，因為吃也要及時，當下能吃就是福，並不是每個人都能「想吃就吃」，撇開經濟因素，很多生病的人就沒有辦法自由自在進食。

以前以為「能吃就是福」是叫我們多吃一點。直到前幾年，因為工作壓力造成胃食道逆流，雖然看過醫生痊癒了，但很容易復發，日常生活中必須格外注意飲食，經常想吃卻不能吃，因而深深感受到飲食被限制的痛苦。加上年齡增長，腸胃不像年輕時那麼耐操，從前可以放懷大啖麻辣火鍋，根本不會怎麼樣，如今偶爾放肆吃得比較辣，腸胃馬上鬧起脾氣來。

每週一
公休一天

年輕時暴飲暴食都沒事，現在稍微放縱一下就胃脹氣，需要補充胃散加益生菌。所以很多事不要等待以後，應該把握當下。

很多人不喜歡或不敢一個人上餐廳吃飯，覺得不好意思或嫌麻煩，我認為除非實在發懶不想出門，否則每個人都應該鍛鍊單獨外食的能力。因為隨著年紀增長，可以陪你一起吃飯的夥伴愈來愈少，所有人都有各自的生活要忙。

以我為例，周遭絕大部分好友都結婚有家庭了，午餐還好約，但是想約人一起吃晚餐就困難多了，大部分朋友都需要回歸家庭。如果因為約不到人，就放棄想吃的餐廳和美食，想想你會放棄多少樂趣啊！人不應該把自己的快樂、幸福，建築在別人身上，享受美食也一樣，如果別人沒空，那就自己上餐廳去吃吧！

「單身友善」近年來成為網路熱門話題，根據國外餐廳預訂網站 OpenTable 的數據顯示，過去兩年美國單人訂位量增加了三成之多，日

本、韓國也有類似現象，單身人口占比持續增加，意味著單身用餐會在未來形成趨勢。目前各大國際都市，可以選擇單人用餐的餐廳愈來愈多，日韓都有一人燒肉、一人小火鍋、一人拉麵，就連講究圓桌聚宴的中餐廳，現在也提供單身套餐，甚至推出孤獨晚餐體驗，讓單身一人也能安心走進餐廳好好享受。

我很喜歡與朋友聚會共餐，享受那種分享的快樂；但也逐漸愛上一個人吃飯，沉浸在那種自由與安靜的氛圍中。一個人吃飯可以挑選自己愛吃的東西，可以任性點想吃的套餐，吃不完就打包，當成明天的便當。

滿足自己，永遠比在意別人眼光來得重要，一個人上餐廳何必介意旁人怎麼看你，他們又不

心情便利貼

我們每一天都要吃到二至三餐，
一頓飯就算以半小時計算，
累積下來也是可觀的時間。
不要因為家人朋友失約或喬不到時間，
就淒涼地回家吃泡麵或隨便亂吃，
自己要好好照顧自己，
一個人更要好好吃飯喔！

認識你，為什麼要在意別人怎麼想呢？更何況很多時候是你自己不好意思，根本沒有人在看你啊！

因為愛吃，幾乎每天都有開心又滿足的用餐時光。也因為愛吃，產生了去學習烹飪的新動力。所以，不要再因為心魔，不敢一個人出門吃飯，也不要有一個人就隨便吃的心態，請好好珍惜時間，把握當下。想吃，就算一個人也要好好吃。

當一隻悠游的魚

很多人告訴我，運動可以放鬆身心。我心裡想，運動那麼累，怎麼可能放鬆啊？

所以，我不喜歡運動。

但是，這幾年因為慢慢出現初老症狀，為了健康著想，開始尋找適合自己的運動。到目前為止，只找到兩項運動是我真心喜歡，會想去做的，其中一個是瑜伽，一個是游泳。

因為愛上了游泳，一次偶然機會和幾個工作夥伴聊天，我提議大家不妨組個游泳隊一起學游泳，藍尼游泳小隊因此成立，也開啟了我的游泳新體驗。

我其實是會游泳的。小時候就被爸爸逼著學，爸爸認為人一定要學會游泳，這樣遇到緊急狀況才可以自保。

大一點之後，媽媽幫我報名參加 YMCA 游泳班，從一開始的水母班，一路晉級學到箭魚班，印象中最高段是鯊魚班，每次看到泳池裡高段班學員，在水中的蝶式身影，心中都默默期盼自己有朝一日也能成為水中之鯊。

小時候我就學會了蛙式、仰式和自由式，不過換氣時常會嗆到。但我不怕水，也浮得起來，是學習游泳的最大優勢。

藍尼小隊的成員中，有兩位完全不諳水性；有一位是即將進入鯊魚班練蝶式的游泳好手；還有一位一心只想待在淺水池玩水；此外就是我了，一個想要練好標準自由式，並學會換氣的半吊子。我們有一個自己的水道，老師會個別教授，再讓我們順著水道練習。

第一天上課，我告訴老師：「自由式我會噢！」當我下水游泳的時候，老師開始糾正我划水時候手的弧度，於是我把注意力都放在上頭。

幾次課程下來，看來姿勢正確了，游起來卻總覺得怪怪的。於是我更努力調整姿勢，並且注意到當我的手往後的時候，會先碰到屁股側邊，然後抬起大約四十五度，再將手折返往前入水。

再次游泳，我得到一個全新體會，游泳是練習專注的最好運動。因為在水中，如果不認真，很容易被水嗆到，為了保命，必須很注意當下的每一個動作。因此，專注力是想要成為一位好泳者必須做到的練習。

這一點是游泳跟其他個人運動最大的差異，做其他運動時比較容易分心，沒事就想坐著休息一下，或一邊運動一邊想著別的事情，反正不會有溺水或嗆到的危險。游泳時，因為老師就在旁邊看著，在水中的我，很注意自己的每一個動作：手划對了嗎？腳踢出去了嗎？速度配合得好嗎？

奇妙的是，因為必須專注，反而幫助自己放鬆。腦海裡再也沒有那些亂七八糟的想法，不會胡思亂想，當然也沒有心思注意心情好不好，只剩下純然的專注、認真做好每一個水中動作，心裡只有不要嗆水或溺水的鬥志。

這就是「活在當下」的狀態跟感覺啊！

我後來特別享受游泳時間，平日裡腦袋中的思緒太紛雜，做著東想著西，念頭像一隻停不下來的猴子。當我游泳的時候，我很清楚感覺到每一個當下，念頭沒有亂跑，這種感覺很棒，我也努力學著把它運用在生活當中。

練習了幾堂自由式的課程後，某一天，老師對我說：「妳的姿勢已經很標準了，不要再想著姿勢對不對，妳應該想像妳是一條魚，一條在水中游泳的魚……」他給了我一雙蛙鞋，還有一個浮板，把它夾在我的兩腿中間說：「去吧，想像妳是魚……」

我的雙腿夾著浮板，不能讓它掉了，腳上又穿著蛙鞋，當我游出去的時候，除了手可以划動，下半身就好像美人魚一樣，只能左右搖擺。但是，我游得好快噢！因為雙腳像魚尾一樣左右擺動，身體也跟著擺動，雖然有點不穩，卻好順暢。因為順暢的關係，我想起老師的叮嚀「想像自己是魚」。

我想著我要像魚一樣，魚在水中東游西游，很自在。於是，我就像美人魚那樣在水道裡游著，身體自然地律動，魚尾輕鬆地搖擺。環顧泳池好像置身在大海，我覺得自己變成一條魚，好輕鬆、好快樂，自由自在！

很難用文字形容當時的感覺，但當下我真的變成一條魚，在水中愉悅地悠游著。這是我另一個游泳新體驗——當我們不再自我設限，而是放開心去經歷跟享受過程時，內心非常輕鬆、很自由、很愉快！也許我的手沒有到位，姿勢不很標準，但我游得像一尾魚，不僵硬，所以反而游得更快、更順暢。

當然不是每次都能像魚兒一樣悠游，就像我們經常會卡在某個點上，會鑽進牛角尖裡出不來。我現在經常提醒自己，要活得像海裡的魚兒，不要太在乎自己的泳姿好不好看，或游得快不快，而是去享受游泳，問自己在水中游得開心嗎？愜意嗎？忘我嗎？

游泳最麻煩的一點，是游完後還要洗頭，寒冷的冬天，溼溼的頭髮披散著尤其不舒服。但我真心喜歡游泳，喜歡當下那無憂無慮變成一條魚的純粹。也許只有一小時，但腦是空的、心是滿的、身體是鬆的。

我想把這種感覺融進生活裡，提醒自己：隨時隨地都要當一條徜徉大海的開心魚！

心情便利貼

運動時只專注在當下那個片刻，

專注在身體的極限上，

腦海裡不再想其他事情，

那是一種真正放鬆的空白狀態。

我不是一個喜歡運動的人，

但我享受那種狀態，希望你也能enjoy。

心滿了，幸福就靠近了

王子跟公主結婚之後，過著幸福快樂的日子，這應該是很多小女孩的夢想吧！

小時候，我也把結婚當作偉大夢想，儘管當時根本不知道什麼是愛，對於幸福的定義也沒有概念，總覺得只要事事順心，應該就算是幸福了吧！

長大後，發現自己的欲望和想要的目標愈來愈多。感情上卻走得跌跌撞撞，被分手、主動分手、暖男、渣男統統遇過，也曾經歷只要我點頭，就可以走入婚姻的對象（當然也有可能離婚啦），我卻沒有選擇跟王子過幸福日子。

因為他不是我心目中的王子？還是時間不對？抑或是我太任性了？總

之，一切都是自己的選擇。慢慢地，我發現跟王子攜手走向婚姻殿堂，已經不再是心中追逐的幸福了。三十多歲這個階段，我幾乎每天都在工作。忙碌的生活、緊湊的行程，加上出國旅遊、跟朋友吃吃喝喝，經濟已經自由的我，可以負擔得起自己想要的生活和物質欲望。

除了工作，當時我也很愛購物。工作中間有空檔的時候，若朋友沒空，我就會預約去做運動、作臉、美甲或 SPA，這樣過了七、八年，表面上每天都很充實，但隱隱地，內心隱藏著自己都不知道的問題。直到有一天，好幾件事同時爆發，成為壓倒駱駝的最後一根稻草。

當身心靈都出現狀況，我才恍然發現，原來身上背負的壓力這麼大！也才知道自己根本沒有放鬆過。排滿的行事曆、瘋狂的購物，其實只是掩飾心中的空虛。也許很多人會疑惑，有工作可做、有錢可賺，還可以買東買西，怎麼會空虛？

心裡的空虛，有人一輩子都無法察覺，有些人即使察覺到了，卻根本不想理會或無法處理。這是為什麼很多物質豐裕的人並不快樂，很多富有的人為了賺錢損失健康，即使賺到很多財富又有什麼意義呢？

當你什麼都有了，卻沒有健康的身心去享受，是我們擁有健康時，經常會忘記和忽略的事。為此，我重新調整自己的作息排行，把健康排到榜首。在那個身心都失衡的時刻，我選擇休息，放自己一個大假。

在我休息的那一兩年中，遇到一位心理諮商師，教給我很多紓減壓力的方法。諮商師說，第一步要學習感受壓力，更精確的說法是：去感受自己真正的「感受」。在承受壓力時，尋找真正的放鬆方式。此外，她還要我去填滿我的心。

這裡說的「填滿」，不是購物、不是找人陪伴、不是工作滿檔，也不是荷包滿滿，這些都未必能夠填滿心靈。剛開始，一直弄不太清楚諮商師的意思，要填滿什麼？又要如何填滿我的心？

直到有一天，記得我住在當時租的小小公寓裡，想為自己煮點東西吃。房子很小，所謂的廚房只是一進門處，沿著牆邊的一個小小流理台，有一個洗手槽跟電磁爐。那時，李先蔘（我養的法鬥「滿滿」）才到我們家不久，還是個小 baby。牠跟福福（另一隻法鬥）在客廳搶玩具。兩隻狗叫來叫去、跳來跳去。我邊煮邊回頭，看著牠們玩耍。在那個時間、那個空間、那個當下，我突然明白，什麼叫作「心滿了」。

原來，心不空虛、心滿了，是一種感受啊！不是擁有多少成就、錢財的物質體驗，而是一種發自內心的滿足與喜悅。很難解釋我當下的體會，但就在那一刻，我感受到了！當下只覺得很幸福，一種只要這樣就很幸福的純然感覺。

至今，我都記得那個氛圍，很平靜卻很實在。我是開心的、健康的，狗狗也是開心的、健康的，在那小小的屋裡，我們很安全、很安心。那是一種難以言喻的感受，但就在那一刻，我覺得心是滿的。

這跟接到很棒的工作、賺很多錢、買到一直想要的包包，或去派對認識一堆人的感受完全不同。我想，這就是所謂的「幸福就在你身邊」吧！幸福隨時都有，端看你有沒有感受到它。

以前的我，很努力過生活，以為只要好好工作、有錢，每天都很忙碌，就叫作滿，就會快樂。但其實我的內心很虛，因為這些支撐快樂的東西，如果突然消失——工作沒了、錢沒了、感情沒了，難道就不再幸福了嗎？這是多麼令人不安的事呀！

大多數人努力追求表象的快樂，例如名利、婚姻、房子、車子、存款，這一類摸得到、看得到的物質成就，有多少人追求過心中真正的快樂？就像從前的我，每天排得滿滿的，心卻是空的、慌的。

很多朋友後來告訴我，那時候看到每天都在忙碌的我，雖然臉上總是笑咪咪，卻覺得不是發自內心真心的笑。因為那些物質帶來的快樂，不是真的快樂，很容易就會失去。

當然，工作賺錢還是要的。畢竟我們生活在現實社會當中，有錢才能過活，才能做想做的事。只是，在努力賺錢的同時，請多去感受一下自己的心——你的心情和你的感覺，用心感受生活中很多人事物，因為那種滿足，是用錢買不到的。

有人說，小確幸是那些達不到大成就的人，用來安慰自己的說法。我倒覺得生活中處處都有小確幸，端看你有沒有感受到它。而很多微小確切的幸福累積起來，就會變成每天生活中都有的確切幸福，不也很美好嗎？

人生苦多樂少，如果常常都能這樣感受到幸福，日子就多了很多快樂啊！

心情便利貼

心不滿，擁有什麼名牌都不會滿足；

心不定，再多物質也不能讓它安定。

心一直空空慌慌的，怎麼會快樂呢？

不要再用外在物質去填滿它了，

我的幸福很簡單，只有八個字：

健康平安、心定心滿。

我可以抓住的小披風

我畢業於服裝設計科系。一直以來，都很喜歡研究服裝、時尚，因為打扮得漂漂亮亮，是多麼快樂的事啊！而且服裝對我來說，並不僅僅是穿衣打扮這麼浮面的事，它還蘊藏著更多深層的意義，諸如找到自己的風格、自信、快樂等等。

但是，我開始接觸寵物衣服製作，跟以上這些都沒有關係。

疫情期間，因為不能外出，加上消費市場萎靡，有一陣子，我對於未來感到非常恐慌。在演藝圈打拚多年，一直覺得這是一個看機運的行業，說白了就是靠天吃飯，雖然也要有努力跟天份配合，但即使擁有這些條件，也不必然保證就有工作，或是得到相對應的報酬。所以，到了某個年紀之後，我很害怕有一天如果沒有工作了，我該怎麼辦？

24
25

這種恐懼襲上心頭的時候，常常會讓我倒抽一口氣，愈想愈喘不過氣來。當然我也想過，萬一碰到了就去應徵打工，不過同時也擔心，沒有其他工作經驗的我，會有機會嗎？就在這種擔心、害怕、遺忘一下、又想起來覺得恐慌、又忘記……的循環中，過了一段日子。

直到有一天，跟一位朋友聊起這個話題，朋友說：「因為妳的工作本身就不穩定，加上妳擔心的未來也難以掌握，兩種未知加乘在一起，加劇了不知道能做什麼的擔憂。如果妳可以做些什麼，讓這些東西是自己可以掌握的，也許就可以減少一些焦慮？」

一語驚醒夢中人。對耶，我因為害怕以後沒有工作，又不知道自己能做些什麼，所以一直揪著心；只要我知道自己可以做什麼，也許就會安心一點。就在這時候，我看到了實踐大學推廣中心的寵物衣服製作班介紹。我心想自己喜歡寵物，也喜歡很多日本手工製作的寵物衣，如果學會製作狗衣服，萬一將來沒有工作的時候，至少可以在家踩踩縫紉機，做幾件狗衣服上網賣。

就這樣，開啟了我的寵物衣課程。從一開始的基礎班，到現在的高高階班，說真的，上課除了學習打版跟縫紉技巧之外，大部分時間都跟同學們一起學習、聊天、玩樂，真的很有趣。雖然碰到交作業時很煩，但是到了這個年紀，這樣單純又愉快的學習時間，令我格外珍惜。

很多人認為狗狗穿衣打扮，是為了滿足主人的虛榮心，對於這種觀點我無法認同，因為在某些狀況下，狗狗的確需要穿衣服，目的是保暖。

狗狗的毛因為品種不同有很大的差距，有的狗擁有很多層的披毛，天生不怕冷，到了冬天也許都不用穿衣服。但是單層毛的狗，在冬季就需要保暖。這一點跟人一樣，人的皮膚上也有一層汗毛，卻完全不足以禦寒。同理，單層毛的狗在冬天跟人一樣怕冷。

我創立的狗狗服飾品牌 vivitailormade，一開始就將目標設定在「用人穿的質料，為狗狗裁製保暖衣服」，不花俏但有質感，且舒適保暖。妹妹的狗熊熊是我的創業繆思，牠流浪且受虐過，所以不太能碰牠的手腳，一碰就要咬人，這樣的狗很難穿有袖子的衣服，要怎麼樣讓牠穿上保暖衣物呢？在醫院裡，我也看到一些長青組的狗狗，行動比較不便，主人必須一手抱著老犬、一手穿脫衣服，總是搞得手忙腳亂……

於是，vivitailormade 的狗狗小披風誕生了！

跟超人的披風一樣，脖圍和肚子部分使用魔鬼氈黏貼，三秒穿脫，超方便！而且我在一件披風上，使用兩種不同類型的布料，像是一面毛毛、一面純棉，這樣雙面都可以穿著，讓主人依溫度為狗狗換穿。

這些寵物披風，我沒有特別販售，開始時主要製作送給狗友，以及自己喜歡的狗兒當作禮物。每當主人將牠們穿拍的照片貼給我看，我就好感動，市面上的寵物用品那麼多，牠們卻穿著我親手做的小披風，真的超開心！

很簡單的小披風版型，隨著狗狗們的穿著意見回饋，已經做了兩次改版；vivitailormade 也變成更好記的「維兜兜」；今年（二〇二五年）還第一次參加了市集展售。

直到現在，還會在狗友的限動或貼文上，看到他們的狗狗穿著我之前做的小披風，明明主人很會買又很愛買，卻願意留著我的小披風，我不只開心，更感動到有些飄飄然。這個肯定也讓我意識到，當初決定使用好布料的堅持是對的。現在出國旅遊，挑布買布也變成我的一個行程呢！

雖然直到現在，「維兜兜」都沒有讓我賺到什麼錢，但賺到很多開心和自信。對於工作和未來，也多了幾分篤定，沒那麼害怕了。心想大不了老了，就在家坐在縫紉機前，慢慢做著狗衣服，隨著光陰自在老去，這樣想來，好像也是一種幸福耶！

vedodo
@VIVITAILORMADE
7-11賣貨便

心情便利貼

裁版縫紉是我會的以及可以掌握的事，
嘗試將我愛的寵物和會的縫紉結合在一起，
無意間打開一條新路，也帶給我更多自信。
人生的路曲曲折折，
柳暗花明之間，總有無限驚奇。

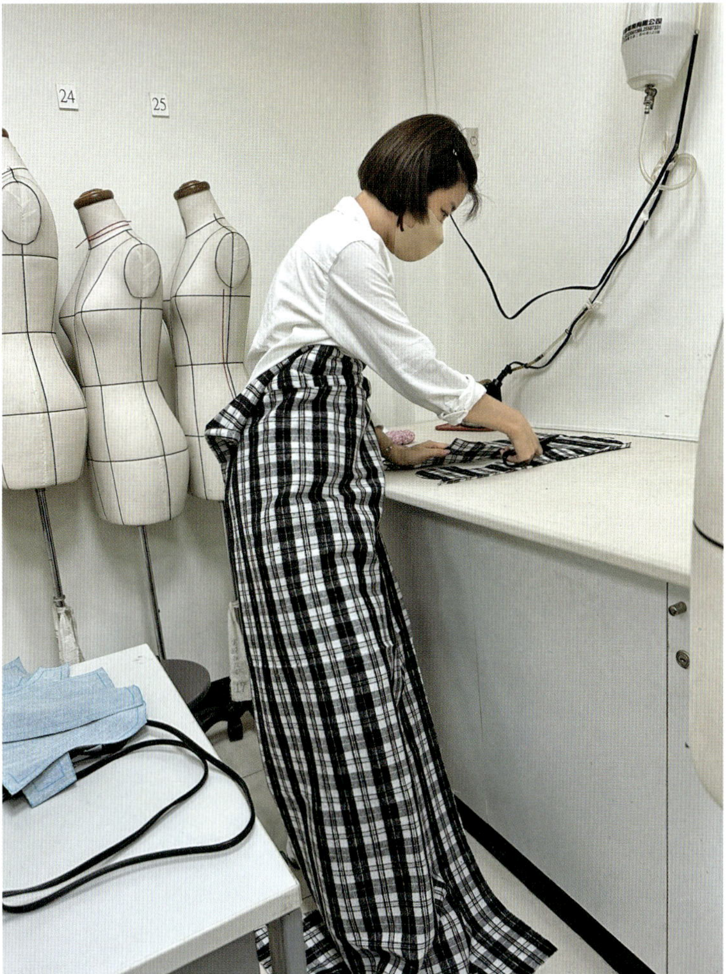
24
25

後記：給維維的備忘錄

寫給二〇代的維維

好好讀書好嗎？想要工作可以等長大之後啊！應該聽爸爸的話，好好的享受學校生活，當一個正常快樂的學生。

不要、不要、不要把感情放在第一位！年輕的妳什麼都不懂，不知道自己想要的是什麼，不要一談戀愛就戀愛腦，把對方當神一樣！妳以為什麼都為對方著想，人家搞不好覺得妳很逼人呢！談戀愛可以，但請以自己為主！不要為了男朋友變一個人，迷失自我，好嗎？

既然在工作了，那就好好存錢。買東西送人可以，但記住，不是買東西送別人就叫愛喔！也許妳表現愛的方式，是為對方做些什麼、買些什麼，但妳要知道賺錢很辛苦，妳很幸運可以賺到錢，請投資自己或存起來。

然後，記得要買保險，因為二〇代開始買比較便宜。後段妳在美國的生活，應該多去其他州看看、玩玩！不要只待在LA。

寫給三〇代的維維

不要被三〇這個數字嚇到。不是一進入三〇後，就要啟動熟齡肌保養程序；也不是到了三〇，就一定要結婚生子。

我知道有段時間妳很孤單，因為好朋友都進入另一個人生階段——結婚、生子的婚姻生活，跟妳的生活模式不一樣了，所以妳有點慌。

請不要慌，不是每個人的人生歷程都一樣的！妳看，很多人後來離婚了，很多人跟妳說如果可以，早知道不要生小孩。妳因為惶恐跑去凍卵，如果再來一次，切記不要因為別人都如何如何，而自己不一樣就感到害怕，拚命想去做些什麼。

妳應該弄清楚，知道自己想要的是什麼才去做。三〇後的妳，一直沒有間斷地工作了七、八年。工作賺錢很好，但希望妳也要懂得休息，拿捏好壓力跟放鬆的平衡。不然賺了錢，卻失去身心健康，不值得呀！

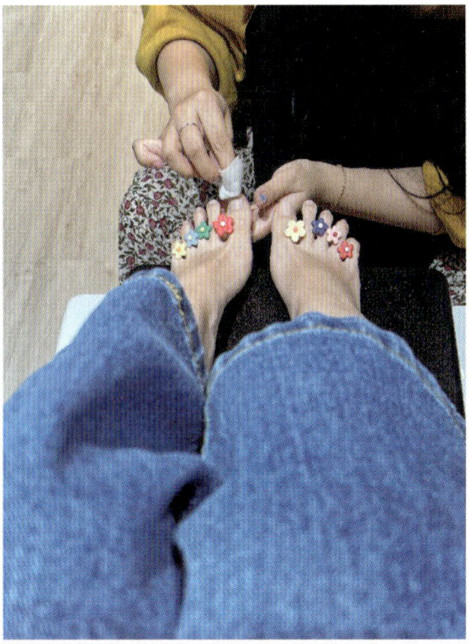

我真心覺得妳很棒！
三〇代的妳慢慢開始知道跟自己相處。
慢慢懂得察覺身心，
雖然還是會遇到掙扎與徬徨，
但至少妳會覺察了，
知道自己的感覺和情緒狀態，
也懂得適時調整。
這一點要繼續維持下去喔！

寫給四〇代的維維

我知道妳的委屈。爸爸的驟逝是無法抹去的驚慌和心痛，就像失去頂天支柱一樣。妳必須開始努力撐起自己的一片天。

我知道妳很努力，感覺就像是被迫一夜成長，那種情緒累積到一定的時候，躲在內心裡的那個小小維就委屈地想哭。但妳看，妳有妹妹啊朋友安慰妳，偶爾罵醒妳。就算委屈，也是一步步成長了，不是嗎？

我希望妳能放開心，不要不安，不要常常自己嚇自己，還沒發生的事，就先開始焦慮害怕。等事情發生了，再來面對處理吧！記住爸爸常叮囑的那句話：都這麼大了，要堅強！

三〇代後到四〇代，妳遇到比較多屬於「大人」的鳥事，幾度覺得人生在谷底。但妳有成長一些些呢！這些鳥事反而讓妳更清楚：要好好照顧自己，還有什麼事是重要的、什麼不是。

我很開心妳的狀態比以往都好。
也許外在老了點、體力衰退了一些些，
但心很滿、很有餘裕。
我喜歡這個狀態的妳。

寫給五〇、六〇、七〇、八〇代的維維

妳要簡單健康的生活。一樣要好好努力賺錢。過著自己爽，其他不要理會太多的低調生活。妳會去很多想去的地方，吃吃、看看、走走。有動物的地方也很好，因為自然心情愉悅。

要記得運動喔！腿是妳的第二個心臟，我覺得它目前有點弱。妳會搬去平面的房子，沒有小閣樓，就不用抱著狗兒子上上下下，比較安全。

不要開車了！如果眼睛老花、近視看不清，多走路好了。

多吃原型食物、七分飽！拜託不要、也不能常常吃到十分、十二分飽，對妳的身體不好。我是不會限制妳吃啦！能吃就是福，但要懂得限制。然後，妳要不停的學習。有能力就去上課，學習參與有興趣的東西。不停地學，對外交流才不會退化。心態上，不要當一個常常說「我很老了，我是老人」的老人。不要被年齡限制了。切記：

Age is just an issue.
要當個很自由、很優雅、隨興，
但有趣的大人。

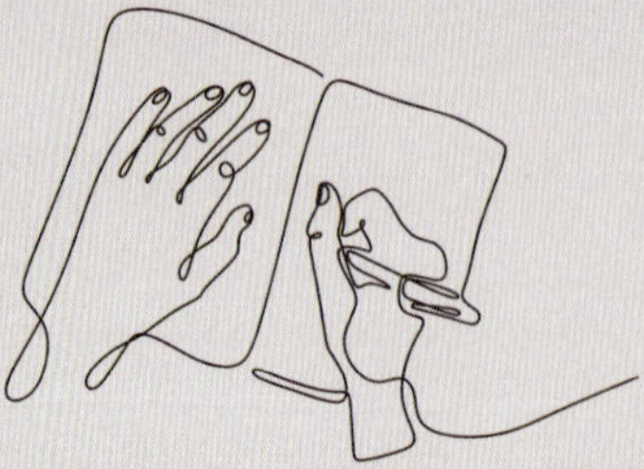

維老少女的成長腳印

12歲

國小六年級

9歲

國小三年級

6歲

幼稚園畢業

13歲

讀聖心女中的時期

4歲

我的第一隻小狗

28 歲

從 LA 搬回台灣前，
去東京玩的紀念照

22 歲

在日本拍攝雜誌

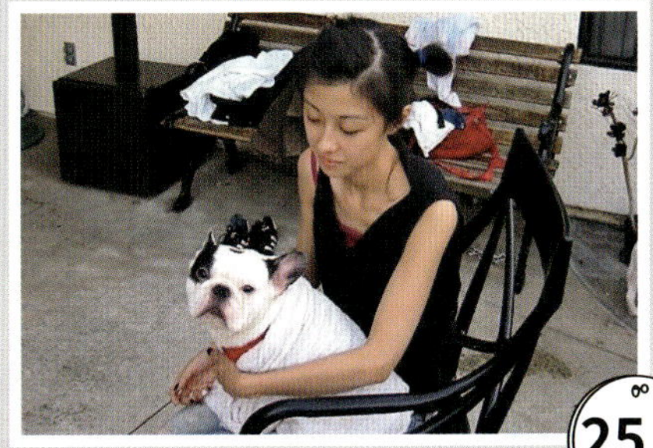

25 歲

在 LA 念書時跟我的 BUBU

27 歲

FIDM 學服裝設計

15 歲

首次拍藝術照

FLYING

老少女養成日記
我很幸福，只是剛好單身

作　　者　李維維
責任編輯　呂增娣、錢嘉琪
校　　對　魏秋綢、錢嘉琪
封面設計　劉旻旻
內頁設計　劉旻旻
副總編輯　呂增娣
總 編 輯　周湘琦

董 事 長　趙政岷
出 版 者　時報文化出版企業股份有限公司
　　　　　108019 台北市和平西路三段 240 號 2 樓

發 行 專 線　(02)2306-6842
讀者服務專線　0800-231-705　(02)2304-7103
讀者服務傳真　(02)2304-6858
郵　　　　撥　19344724 時報文化出版公司
信　　　　箱　10899 臺北華江橋郵局第 99 信箱

時 報 悅 讀 網　http://www.readingtimes.com.tw
電子郵件信箱　books@readingtimes.com.tw
法 律 顧 問　理律法律事務所　陳長文律師、李念祖律師
印　　　　刷　華展印刷有限公司
初 版 一 刷　2025 年 06 月 13 日
定　　　　價　新台幣 480 元

（缺頁或破損的書，請寄回更換）

時報文化出版公司成立於 1975 年，並於 1999 年股票上櫃公開發行，於 2008 年脫離中時集團非屬旺中，以「尊重智慧與創意的文化事業」為信念。

老少女養成日記：我很幸福，只是剛好單身 / 李維維著．-- 初版．-- 臺北市：時報文化出版企業股份有限公司，2025.06

面：　公分
ISBN 978-626-419-525-6(平裝)

1.CST: 人生哲學

191.9　　114006307

ISBN 978-626-419-525-6
Printed in Taiwan.